- **Capítulo 1: La Confianza en Uno Mismo**

- **La confianza es la base de la seducción. Una persona segura de sí misma genera atracción de manera natural, sin necesidad de forzar situaciones o demostrar un valor que no siente realmente. Este capítulo te enseñará cómo desarrollar una confianza auténtica y proyectarla en tus interacciones.**

- **¿Qué es la confianza y cómo desarrollarla?**

- **La confianza en uno mismo no es arrogancia ni superioridad, sino la certeza de que eres valioso y tienes algo único que ofrecer. Se basa en tres pilares:**

- **Autoimagen Positiva**

- **Tu percepción sobre ti mismo influye en cómo te ven los demás. Si te consideras una persona digna de respeto y admiración, los demás lo notarán.**
- **Ejercicio: Escribe tres cualidades que te hacen una persona interesante y atractiva. Recuérdalas cada mañana.**

- **Consejo: Rodéate de personas que refuercen tu autoestima y eviten comentarios negativos constantes.**

- **Autoconocimiento y Mejora Personal**

- **Conocerte a ti mismo te ayuda a identificar tus fortalezas y trabajar en tus debilidades.**

- **Ejercicio: Reflexiona sobre situaciones en las que te has sentido seguro y analiza qué factores influyeron.**

- Consejo: Dedica tiempo a desarrollar nuevas habilidades que te hagan sentir orgulloso.

- Experiencia y Acción

- La confianza se construye con la práctica. Cuantas más interacciones tengas, más natural te sentirás en situaciones sociales.

- Ejercicio: Cada día, saluda a tres desconocidos y mantén una pequeña conversación.

- Consejo: No esperes sentirte 100% seguro para actuar; la acción genera confianza.

- El Poder del Lenguaje Corporal

- El 55% de la comunicación es no verbal. Antes de hablar, tu cuerpo ya transmite señales de seguridad o inseguridad.

- Postura y Movimiento

- Una postura abierta y relajada denota confianza.

- Evita: Cruzar los brazos, encorvar los hombros o mirar al suelo.

- Practica: Caminar con la espalda recta, el pecho ligeramente elevado y los hombros relajados.

- Contacto Visual

- El contacto visual transmite seguridad e interés.

- **Ejercicio: Mira a los ojos a las personas mientras hablas y mantén la mirada unos segundos más de lo habitual.**

- **Consejo: Si te cuesta sostener la mirada, fíjate en el punto entre las cejas de la otra persona.**

- **Expresión Facial y Sonrisa**

- **Una expresión relajada y una sonrisa genuina generan confianza.**

- **Practica: Sonreír ligeramente mientras hablas para transmitir calidez.**

- **Evita: Sonrisas forzadas o gestos nerviosos como morderte los labios.**

- **Superar el Miedo al Rechazo**

- El miedo al rechazo es una de las principales barreras en la seducción. Aprender a manejarlo te hará más resiliente.

- Rechazo No Es Fracaso

- No puedes gustarle a todo el mundo, y eso está bien.

- Ejercicio: Recuerda situaciones en las que fuiste rechazado y analiza qué aprendiste de ellas.

- Consejo: Considera el rechazo como una selección natural que te acerca a quienes realmente te valoran.

- Cambiar la Mentalidad

- En lugar de ver una interacción como un posible rechazo, mírala como una oportunidad para conocer a alguien.

- Ejemplo: En vez de pensar "¿Y si no le gusto?", piensa "Veamos si esta persona es interesante para mí".

- Practica: Acércate a hablar con personas sin expectativas de resultado.

- Capítulo 2: Comunicación Atractiva

- Hablar con seguridad y naturalidad es clave en la seducción. No se trata solo de qué dices, sino de cómo lo dices. En este capítulo, aprenderás a comunicarte de forma efectiva, generar interés y mantener conversaciones estimulantes.

- **2.1. Cómo Hablar con Seguridad y Naturalidad**

- **2.1.1. El Ritmo y la Entonación**

- **El tono de voz influye en cómo te perciben. Hablar con calma y seguridad transmite confianza.**

- **Ejercicio: Graba tu voz contando una historia y escúchala. Ajusta el tono y la velocidad si es necesario.**

- **Evita: Hablar demasiado rápido o en un tono monótono.**

- **2.1.2. Pausas Estratégicas**

- **Las pausas dan tiempo para procesar la información y generan intriga.**

- **Practica: Usa pausas antes de decir algo importante para captar la atención.**

- **2.1.3. El Volumen Adecuado**

- **Hablar demasiado bajo indica inseguridad; demasiado alto, agresividad.**

- **Consejo: Adapta tu volumen al contexto y observa la reacción de la otra persona.**

- **2.2. La Importancia de la Escucha Activa**

- **Escuchar con atención demuestra interés y hace que la otra persona se sienta valorada.**

- **2.2.1. Señales de Escucha Activa**

- **Asentir levemente para mostrar que sigues la conversación.**

- Mantener contacto visual sin interrumpir.

- Hacer preguntas sobre lo que la otra persona dice.

- 2.2.2. Evitar el Monólogo

- No hables solo de ti; la conversación debe ser equilibrada.

- Ejercicio: En cada conversación, asegúrate de preguntar algo sobre la otra persona antes de hablar de ti mismo.

- 2.3. El Uso del Humor y la Inteligencia Emocional

- 2.3.1. Cómo Usar el Humor de Manera Atractiva

- El humor genera conexión y hace que las interacciones sean más amenas.

- Ejemplo: Usa comentarios ingeniosos sobre la situación en lugar de chistes preparados.

- Evita: Bromas ofensivas o que puedan hacer sentir incómoda a la otra persona.

- 2.3.2. Leer las Emociones de la Otra Persona

- La inteligencia emocional te permite adaptar tu comunicación según el estado de ánimo del otro.

- Practica: Observa el lenguaje corporal y el tono de voz de la otra persona para identificar su nivel de interés.

- **2.4. Cómo Iniciar y Mantener una Conversación Interesante**

- **2.4.1. Preguntas Abiertas vs. Preguntas Cerradas**

- **Las preguntas abiertas fomentan conversaciones más profundas.**

- **Ejemplo: En vez de preguntar "¿Te gusta viajar?", prueba "¿Cuál ha sido el viaje más emocionante que has hecho?".**

- **2.4.2. Contar Historias de Manera Atractiva**

- **Las anécdotas bien contadas generan interés y emoción.**

- **Ejercicio: Escribe una historia personal interesante y cuéntala en diferentes tonos hasta encontrar la mejor forma de narrarla.**

- **Capítulo 3: La Psicología de la Atracción**

- **La atracción no es solo una cuestión de apariencia física; es un conjunto de factores psicológicos y emocionales que influyen en cómo percibimos a los demás. En este capítulo, descubrirás qué hace que una persona resulte atractiva y cómo potenciar esos elementos en ti.**

- **3.1. ¿Qué Nos Atrae Realmente en una Persona?**

- **La atracción es subjetiva, pero hay ciertos factores universales que la potencian:**

- **3.1.1. Confianza y Seguridad**

- **Las personas seguras generan magnetismo natural.**

- **Ejercicio: Reflexiona sobre momentos en los que te sentiste seguro y replícalos en nuevas interacciones.**

- **3.1.2. Autenticidad y Carácter Propio**

- **Ser genuino es más atractivo que intentar encajar.**

- **Consejo: En lugar de impresionar, muestra quién eres realmente.**

- **3.1.3. Misterio y Desafío**

- El cerebro humano se siente atraído por lo desconocido y lo que supone un reto.

- Ejemplo: No reveles toda tu historia de inmediato; deja espacio para la curiosidad.

- 3.2. Lenguaje No Verbal y Señales de Interés

- El cuerpo comunica mucho más de lo que decimos con palabras.

- 3.2.1. Indicadores de Interés

- Mirada sostenida y pupilas dilatadas.

- Imitación inconsciente de los gestos del otro.

- Inclinación del cuerpo hacia la persona de interés.

- 3.2.2. Señales de Desinterés

- Brazos cruzados o postura cerrada.

- Evitar el contacto visual o responder con monosílabos.

- Ejercicio: Observa estos gestos en interacciones reales para aprender a leer el lenguaje corporal.

- 3.3. Cómo Despertar Emociones en la Otra Persona

- Las emociones generan conexiones más profundas que cualquier conversación superficial.

- **3.3.1. Generar Emoción a Través de la Narración**

- **Las historias bien contadas activan las emociones y hacen que las personas se sientan más conectadas contigo.**

- **Ejemplo: En vez de decir "Me encanta viajar", cuenta una anécdota emocionante de uno de tus viajes.**

- **3.3.2. Crear una Experiencia Compartida**

- **Vivir momentos emocionantes juntos fortalece la atracción.**

- **Consejo: Invita a la persona a hacer algo fuera de lo común en lugar de un típico encuentro.**

- **Capítulo 4: La Imagen Personal**

- Nuestra imagen es la primera impresión que proyectamos. Aunque la atracción no se basa únicamente en la apariencia, cuidar nuestra imagen personal nos ayuda a transmitir confianza y magnetismo. En este capítulo, aprenderás cómo potenciar tu estilo, presencia y autocuidado para aumentar tu atractivo.

- 4.1. Estilo y Apariencia: Reflejo de tu Personalidad

- Tu estilo dice mucho sobre quién eres. Vestirse bien no significa seguir modas, sino encontrar un estilo que represente tu esencia.

- 4.1.1. Vestimenta y Seducción

- La ropa adecuada resalta tus mejores rasgos.

- Usa colores que favorezcan tu tono de piel.

- La ropa bien ajustada siempre luce mejor que la holgada o demasiado ceñida.

- Ejercicio: Pide a un amigo honesto que te dé su opinión sobre tu estilo y haz pequeños cambios para mejorarlo.

- 4.1.2. Perfume y Memoria Olfativa

- El olfato es uno de los sentidos más poderosos en la atracción. Un buen perfume puede hacer que te recuerden.

- Consejo: Encuentra una fragancia que combine con tu personalidad y úsala con moderación.

- **4.2. Cómo Proyectar un Aura Magnética**

- **Más allá de la ropa, la forma en que te presentas al mundo influye en tu atractivo.**

- **4.2.1. Postura y Presencia**

- **Camina erguido, con la cabeza en alto.**

- **Ocupa tu espacio con naturalidad, sin encogerte ni exagerar tus movimientos.**

- **4.2.2. Sonrisa y Expresión Facial**

- **Una sonrisa genuina genera cercanía.**

- **Evita expresiones tensas o forzadas.**

- **Ejercicio: Practica sonreír frente al espejo de forma natural.**

- **4.3. La Importancia del Autocuidado y el Bienestar**

- **Cuidar de ti mismo no solo mejora tu apariencia, sino también tu confianza.**

- **4.3.1. Salud y Energía**

- **La alimentación y el ejercicio influyen en cómo te sientes y te ves.**

- **Dormir bien mejora tu piel y estado de ánimo.**

- **4.3.2. Higiene y Cuidado Personal**

- **Mantén una rutina de limpieza facial y corporal.**

- Cuida tu cabello y uñas; los pequeños detalles marcan la diferencia.

- Ejercicio: Evalúa tu rutina de autocuidado y mejora un aspecto que hayas descuidado.

- Capítulo 5: Seducción en Diferentes Contextos

- La seducción no es un guion rígido, sino una habilidad adaptable a diferentes situaciones. En este capítulo, aprenderás cómo aplicar estrategias efectivas en distintos escenarios, desde interacciones cara a cara hasta redes sociales y relaciones de largo plazo.

- 5.1. Seducción en Redes Sociales y Mensajes de Texto

- **El mundo digital ha cambiado la manera en que nos relacionamos. Saber manejar la seducción en redes sociales y mensajes puede marcar la diferencia.**

- **5.1.1. Cómo Crear un Perfil Atractivo en Redes Sociales**

- **Usa fotos naturales y de calidad donde luzcas seguro y relajado.**

- **Comparte contenido interesante que refleje tu personalidad.**

- **Evita publicaciones negativas o polémicas que resten atractivo.**

- **Ejercicio: Revisa tus redes sociales y elimina o ajusta contenido que no refleje tu mejor versión.**

- **5.1.2. Cómo Enviar Mensajes Atractivos**

- Personaliza tu primer mensaje en lugar de usar frases genéricas.

- Evita responder con monosílabos; fomenta la conversación.

- Usa el humor y la intriga para mantener el interés.

- Ejemplo: En vez de preguntar "¿Cómo estás?", prueba con "Si tu día fuera una película, ¿sería una comedia, un thriller o una aventura?".

- 5.2. Cómo Iniciar y Mantener una Conversación Interesante en Persona

- En encuentros cara a cara, la energía y el lenguaje corporal juegan un papel clave.

- **5.2.1. Primer Contacto y Abordaje Natural**

- **Acércate con confianza, sin parecer forzado.**

- **Un comentario sobre el entorno puede ser un buen rompehielos.**

- **Mantén una postura relajada y una expresión amigable.**

- **Ejercicio: Practica iniciar conversaciones con desconocidos en lugares cotidianos, como cafeterías o tiendas.**

- **5.2.2. Mantener la Conversación Viva**

- **Alterna entre escuchar y compartir experiencias.**

- **Usa preguntas abiertas para profundizar en los temas.**

- Sé juguetón y usa el humor para generar complicidad.

- 5.3. La Seducción en Relaciones a Largo Plazo

- La seducción no termina cuando la relación comienza; mantener la chispa es clave para una conexión duradera.

- 5.3.1. Cómo Mantener el Interés con el Tiempo

- Sigue siendo una persona interesante y con vida propia.

- Introduce novedades en la relación (planes inesperados, sorpresas, desafíos compartidos).

- La comunicación abierta y el juego de seducción deben continuar.

- 5.3.2. Lenguaje del Amor y Conexión Emocional

- Aprende el lenguaje del amor de tu pareja (palabras de afirmación, tiempo de calidad, contacto físico, regalos, actos de servicio).

- Presta atención a los pequeños detalles que fortalecen la conexión.
- Capítulo 6: Errores Comunes y Cómo Evitarlos

- La seducción no se trata solo de lo que haces bien, sino también de lo que debes evitar. Muchas personas cometen errores que disminuyen su atractivo sin darse cuenta. En este capítulo, aprenderás a identificar y corregir los errores más comunes en la seducción.

- **6.1. Errores en la Mentalidad y la Actitud**

- **6.1.1. Falta de Confianza o Necesidad de Validación**

- **Error: Buscar constantemente aprobación en lugar de proyectar seguridad.**

- **Solución: Concéntrate en disfrutar la interacción sin depender del resultado.**

- **6.1.2. Falta de Autenticidad**

- **Error: Fingir una personalidad para impresionar.**

- **Solución: Ser tú mismo es más atractivo que actuar.**

- **Ejercicio: Reflexiona sobre momentos en los que te sentiste forzado a actuar diferente y encuentra maneras de expresarte con naturalidad.**

- **6.2. Errores en la Comunicación**

- **6.2.1. Hablar Solo de Uno Mismo**

- **Error: No mostrar interés en la otra persona.**

- **Solución: Haz preguntas abiertas y escucha activamente.**

- **6.2.2. No Leer las Señales de la Otra Persona**

- **Error: Insistir cuando la otra persona muestra desinterés.**

- Solución: Aprende a identificar el lenguaje corporal y ajustar tu enfoque.

- Ejercicio: Observa las reacciones en conversaciones y ajusta tu estilo según el nivel de interés.

- 6.3. Errores en la Escalada Física y Emocional

- 6.3.1. Avanzar Demasiado Rápido o Demasiado Lento

- Error: Forzar la interacción física antes de generar confianza o esperar demasiado y quedar en la "zona de amigos".

- Solución: Mantén un equilibrio y observa el nivel de comodidad de la otra persona.

- **6.3.2. Falta de Misterio y Previsibilidad**

- **Error: Ser completamente predecible o revelar demasiado rápido todo sobre ti.**

- **Solución: Deja espacio para la intriga y la curiosidad.**

- **Ejemplo: En lugar de contar toda tu vida en la primera conversación, comparte detalles poco a poco.**

- **Capítulo 7: Estrategias Avanzadas de Seducción**

- Una vez que dominas los fundamentos de la seducción, puedes llevar tus habilidades al siguiente nivel. Este capítulo te enseñará estrategias avanzadas para generar una atracción más profunda, manejar dinámicas sociales y fortalecer la conexión con la otra persona.

- 7.1. Cómo Crear una Conexión Emocional Profunda

- Más allá de la atracción física, una conexión emocional sólida hace que la otra persona se sienta realmente atraída a largo plazo.

- 7.1.1. La Técnica del Espejo Emocional

- Reflejar sutilmente el lenguaje corporal y el estado emocional de la otra persona crea un vínculo inconsciente.

- Ejercicio: Durante una conversación, ajusta tu tono y expresión a la energía del otro y observa cómo mejora la conexión.

- 7.1.2. Vulnerabilidad Selectiva

- Compartir experiencias personales crea confianza y genera intimidad.

- Ejemplo: En vez de hablar solo de logros, comparte momentos en los que superaste desafíos.

- 7.2. Creando Atracción a Través de la Escasez y el Desafío

- La atracción se intensifica cuando algo no está disponible todo el tiempo.

- 7.2.1. La Psicología de la Escasez

- Cuando algo es difícil de conseguir, se vuelve más valioso.

- No estés siempre disponible; el equilibrio entre interés y misterio es clave.

- 7.2.2. Cómo Ser un Desafío Atractivo

- No trates de complacer en todo momento; muestra estándares y valores propios.

- Ejemplo: Si la otra persona cancela un plan, no reacciones con desesperación. Mantén tu vida activa y atractiva.

- **7.3. Cómo Desarrollar un Aura de Carisma y Magnetismo**

- **Las personas carismáticas generan un impacto sin esfuerzo.**

- **7.3.1. La Energía y la Presencia Personal**

- **Mantente presente en cada interacción en lugar de estar distraído o ansioso.**

- **Usa pausas en tu discurso para transmitir seguridad y control.**

- **7.3.2. Convertirte en el Centro de la Atención Naturalmente**

- **En grupos, mantén una postura relajada y una sonrisa confiada.**

- **Ejercicio: Practica liderar una conversación contando una historia con entusiasmo y variaciones en el tono de voz.**

- **Capítulo 8: Seducción y Psicología Social**

- **La seducción no ocurre en el vacío, sino dentro de dinámicas sociales más amplias. Comprender la psicología social te permitirá desenvolverte mejor en cualquier entorno, generar atracción grupal y aprovechar el poder del estatus y la influencia.**

- **8.1. Cómo Funciona la Atracción en un Entorno Social**

- **La manera en que interactúas con los demás afecta cómo te perciben.**

- 8.1.1. El Efecto Halo

- Cuando las personas ven una cualidad positiva en ti (seguridad, humor, liderazgo), tienden a asumir que tienes más cualidades atractivas.

- Ejemplo: Si muestras confianza y carisma en un grupo, serás percibido como más atractivo individualmente.

- 8.1.2. La Teoría de la Validación Social

- La gente se siente atraída por quienes son apreciados por los demás.

- Consejo: Construye relaciones sociales fuertes en tu entorno; ser valorado en un grupo aumenta tu atractivo.

- **8.2. Cómo Dominar la Dinámica de Grupo**

- **Cuando estás en un entorno social, tu posición dentro del grupo influye en tu éxito en la seducción.**

- **8.2.1. Liderazgo Social y Carisma**

- **Las personas naturalmente se sienten atraídas por quienes lideran sin ser autoritarios.**

- **Ejercicio: En tu próxima reunión social, toma la iniciativa en una actividad o dirige la conversación con confianza.**

- **8.2.2. La Psicología de la Exclusividad**

- Ser accesible para todos, pero reservado en ciertas cosas, genera mayor atracción.

- Ejemplo: En lugar de dar toda tu atención a una sola persona de inmediato, interactúa con el grupo y luego genera momentos exclusivos con quien te interesa.

- 8.3. Cómo Manejar la Competencia y las Dinámicas de Celos

- En cualquier entorno social, pueden surgir rivales o situaciones de celos.

- 8.3.1. Cómo Responder a la Competencia con Elegancia

- No compitas directamente; en lugar de eso, mantén tu valor sin demostrar inseguridad.

- Consejo: Si alguien intenta descalificarte en un grupo, responde con humor o simplemente ignóralo.

- 8.3.2. Provocar Celos de Forma Sutil (Sin Exagerar)

- Demostrar que tienes opciones aumenta tu atractivo, pero hacerlo de manera exagerada puede ser contraproducente.

- Ejemplo: Hablar con varias personas del grupo sin enfocarte exclusivamente en alguien genera interés sin necesidad de ser arrogante.

- Capítulo 9: La Seducción en Diferentes Culturas

- La atracción es un fenómeno universal, pero las normas sociales, los valores y las expectativas varían según la cultura. Comprender estas diferencias te permitirá adaptar tu estilo de seducción en distintos entornos y evitar errores que puedan afectar tu éxito.

- 9.1. Cómo las Culturas Influyen en la Seducción

- Cada cultura tiene sus propias reglas sobre el cortejo y las relaciones interpersonales.

- 9.1.1. Culturas Individualistas vs. Colectivistas

- En sociedades individualistas (EE. UU., Europa Occidental), el énfasis está en la independencia y la autoexpresión.

- En culturas colectivistas (Asia, América Latina, Medio Oriente), las relaciones sociales y la familia juegan un papel clave en la seducción.

- Consejo: En un país colectivista, construir buenas relaciones con amigos o familiares de la persona que te interesa puede ser más importante que en una sociedad individualista.

- 9.1.2. Lenguaje Corporal y Expresión Emocional

- En algunos países (Italia, Brasil, España), el contacto físico y la expresividad son normales.

- En otros (Japón, Suecia, Alemania), las interacciones suelen ser más reservadas.

- **Ejercicio:** Antes de interactuar en una cultura nueva, observa cómo se comunican las personas en público y ajusta tu lenguaje corporal en consecuencia.

- **9.2. Diferencias Culturales en el Cortejo y las Citas**

- **9.2.1. El Ritmo de la Seducción**

- En algunas culturas, la seducción es rápida y directa (Francia, Argentina).

- En otras, es más gradual y sutil (China, India, países escandinavos).

- **Ejemplo:** En Japón, las relaciones suelen desarrollarse con más paciencia, mientras que en Brasil, la química puede surgir rápidamente con interacciones más físicas.

- 9.2.2. Expectativas de Género y Roles en la Seducción

- **En países con tradiciones más conservadoras, los roles de género pueden ser más marcados.**

- **En sociedades más modernas, la igualdad de género influye en las dinámicas de seducción.**

- **Consejo: En cualquier cultura, ser respetuoso con las normas y valores locales te hará más atractivo y evitará malentendidos.**

- **9.3. Cómo Adaptarse y Tener Éxito en Diferentes Entornos**

- Para seducir en un país extranjero o con alguien de otra cultura, es clave demostrar interés genuino en su mundo.

- 9.3.1. La Curiosidad Cultural como Herramienta de Atracción

- Hacer preguntas sobre la cultura de la otra persona muestra interés y genera conexión.

- Evita comparaciones negativas entre culturas.

- Ejercicio: Investiga costumbres de citas antes de viajar o conocer a alguien de otro país.

- 9.3.2. Aprender a Jugar con las Diferencias

- En vez de ver las diferencias como barreras, úsalas como una oportunidad para generar atracción.

- **Ejemplo: Decir "Me encanta cómo en tu cultura hacen X, es diferente a lo que conozco" puede iniciar una conversación interesante.**

- **Capítulo 10: Seducción y Desarrollo Personal**

- **La seducción no solo se trata de influir en los demás, sino también de trabajar en ti mismo para convertirte en una mejor versión de ti mismo. El desarrollo personal es la base que hace que tu atractivo sea duradero y auténtico. En este capítulo, aprenderás cómo el crecimiento personal puede potenciar tus habilidades de seducción.**

- **10.1. La Importancia del Autoconocimiento**

- Conocerte a ti mismo es el primer paso para convertirte en una persona atractiva y segura.

- 10.1.1. Identificar tus Fortalezas y Áreas de Mejora

- Reflexiona sobre lo que te hace especial y en qué áreas puedes mejorar.

- Ejercicio: Haz una lista de tus fortalezas y debilidades, y comprométete a mejorar lo que consideres necesario.

- 10.1.2. Aceptación y Autoconfianza

- La confianza en uno mismo es atractiva, pero para desarrollarla, primero necesitas aceptarte tal como eres.

- Trabaja en tu autoestima, independientemente de lo que otros piensen de ti.

- Consejo: Haz algo todos los días que te haga sentir bien contigo mismo, como practicar un hobby o aprender una nueva habilidad.

- 10.2. La Seducción como Reflejo de Tu Propio Crecimiento

- La seducción no solo depende de tu apariencia, sino de cómo te relacionas contigo mismo.

- 10.2.1. La Seducción como Forma de Expresión

- La forma en que te expresas, tanto verbal como no verbalmente, refleja tu crecimiento interior.

- Trabaja en tu capacidad de comunicarte de manera efectiva y emocionalmente inteligente.

- 10.2.2. La Conexión Contigo Mismo como Preámbulo para Conectar con los Demás

- Antes de atraer a otros, necesitas estar bien contigo mismo. La seducción genuina comienza cuando te sientes pleno y seguro en tu propia vida.

- Ejercicio: Dedica tiempo al autodescubrimiento a través de la meditación, la lectura o el ejercicio. Esto fortalecerá tu energía interna, haciéndote más atractivo.

- 10.3. Cómo la Seducción Impacta en tu Desarrollo Personal

- La seducción puede ser una poderosa herramienta para fomentar tu crecimiento y empoderamiento personal.

- 10.3.1. El Desafío y la Creación de Oportunidades

- Interactuar con nuevas personas y estar dispuesto a salir de tu zona de confort te permite crecer.

- Cada interacción social te ofrece la oportunidad de aprender algo nuevo sobre ti mismo y sobre los demás.

- 10.3.2. Seducción como Estilo de Vida y Mentalidad

- La seducción no es una táctica momentánea; se convierte en una mentalidad constante que te impulsa a ser la mejor versión de ti mismo.

- Ejemplo: Cada vez que te enfrentas a un reto, ya sea personal o profesional, aplica las mismas habilidades que usarías para seducir, como la paciencia, la empatía y la estrategia.

- Consejo: Usa la seducción como una manera de potenciar tu vida, no solo en las relaciones amorosas, sino en todas las interacciones diarias.

- Capítulo 11: Ética y Responsabilidad en la Seducción

- La seducción es una poderosa herramienta, pero, como cualquier habilidad, debe ser utilizada con responsabilidad y ética. En este capítulo, exploraremos cómo ser seductor sin manipular ni dañar a los demás, respetando los límites y deseos de cada persona mientras mantienes tu autenticidad.

- 11.1. La Seducción Responsable: Respetando los Límites de los Demás

- La clave para una seducción ética es siempre tener en cuenta los sentimientos y los límites de la otra persona.

- 11.1.1. Consentimiento y Comunicación Clara

- La seducción debe ser un proceso de mutuo acuerdo, basado en el consentimiento y la comprensión.

- Ejemplo: Si una persona muestra signos de incomodidad o desinterés, es importante detenerse y respetar su espacio.

- 11.1.2. Reconocer las Señales de Desinterés

- No todas las interacciones llevarán a una atracción, y eso está bien. Reconocer las señales de desinterés o incomodidad es esencial para actuar con integridad.

- Ejercicio: Practica leer el lenguaje corporal y las respuestas verbales de los demás para aprender cuándo es el momento de dar un paso atrás.

- **11.2. La Seducción No Debe Ser Manipulativa**

- **La seducción nunca debe ser utilizada para controlar o manipular a otra persona para que haga algo en contra de su voluntad.**

- **11.2.1. Evitar el Uso de Técnicas Manipulativas**

- **Técnicas como el gaslighting, el juego psicológico o la presión constante son inaceptables. La seducción debe ser un juego de mutuo respeto, no una herramienta para obtener algo a expensas de la otra persona.**

- **Consejo: Sé honesto y directo en tus intenciones; esto fomenta una conexión genuina y saludable.**

- **11.2.2. La Responsabilidad Emocional**

- **La seducción tiene el poder de influir en los sentimientos de los demás. Es crucial ser consciente de cómo tus acciones pueden afectar emocionalmente a otra persona.**

- **Ejemplo: Si sabes que alguien está vulnerable emocionalmente, actúa con cuidado y empatía en lugar de aprovecharte de su situación.**

- **11.3. La Seducción en las Relaciones de Largo Plazo: Honestidad y Compromiso**

- **En las relaciones más serias, la seducción no debe ser un juego; debe ser un reflejo de tu compromiso y respeto por la otra persona.**

- **11.3.1. Seducción y Lealtad**

- **La seducción en una relación a largo plazo debe estar basada en el respeto mutuo y la lealtad. No se trata de manipular o controlar, sino de mantener la chispa viva y seguir mostrando aprecio por tu pareja.**

- **Consejo: Mantén el romance y la seducción viva a través de pequeños gestos diarios que demuestren tu aprecio.**

- **11.3.2. Ser Transparente con tus Intenciones**

- **La transparencia y la comunicación abierta son esenciales en cualquier relación. Si tienes intenciones de algo serio o casual, es importante ser honesto desde el principio.**

- **Ejemplo: Si estás buscando una relación casual, asegúrate de que la otra persona esté igualmente interesada antes de seguir adelante.**

- **11.4. La Seducción y la Empatía**

- **La empatía es la capacidad de comprender y compartir los sentimientos de los demás, y es un componente fundamental de la seducción ética.**

- **11.4.1. Entender las Necesidades Emocionales de los Demás**

- **Para seducir de manera ética, debes estar sintonizado con las emociones de la otra persona, y actuar en consecuencia.**

- Ejemplo: Si una persona está buscando una conexión emocional profunda, no deberías buscar una interacción superficial o centrada solo en lo físico.

- 11.4.2. Ser Genuino y Compasivo

- La mejor manera de seducir es siendo genuino y compasivo. Cuando una persona siente que eres sincero, se siente más cómoda y abierta a la interacción.

- Consejo: Desarrolla tu empatía a través de la escucha activa y el interés genuino por las historias y emociones de los demás.

- Capítulo 12: Seducción en la Era Digital

- Vivimos en un mundo cada vez más conectado a través de plataformas digitales. La seducción en este entorno tiene dinámicas y reglas diferentes. En este capítulo, exploraremos cómo adaptarte a la seducción en línea, cómo gestionar las relaciones digitales y cómo crear una conexión real a pesar de la distancia virtual.

- **12.1. La Seducción a Través de las Redes Sociales**

- Las redes sociales son ahora una de las formas más comunes de interactuar, conocer y seducir a alguien. Sin embargo, requiere de una comprensión cuidadosa de cómo presentarse y cómo interactuar.

- **12.1.1. Cómo Crear una Imagen Atractiva en Línea**

- En las redes sociales, tu perfil es tu carta de presentación. Asegúrate de que tu imagen sea coherente con lo que eres en la vida real, pero también resalte lo mejor de ti.

- Consejo: Publica contenido que refleje tus intereses, pasiones y valores, sin caer en la exageración o la superficialidad.

- Ejercicio: Revisa tu perfil y actualiza las fotos y descripciones para asegurarte de que transmiten una imagen atractiva y auténtica.

- 12.1.2. La Importancia de las Conversaciones Iniciales

- Las primeras interacciones en línea son clave. Sé interesante, pero no demasiado directo. Mantén un tono amigable y relajado.

- **Ejemplo: En lugar de hacer preguntas demasiado personales de inmediato, comienza con algo que demuestre tu interés en los intereses de la otra persona.**

- **12.2. La Seducción en Aplicaciones de Citas**

- **Las aplicaciones de citas se han convertido en una de las formas más populares para conocer a personas nuevas. Sin embargo, el éxito en estas plataformas requiere un enfoque estratégico.**

- **12.2.1. Creación de un Perfil Atractivo**

- Las primeras impresiones en una aplicación de citas están basadas en imágenes y texto. Elige una foto que te muestre en tu mejor momento, pero sin filtros engañosos.

- Consejo: La honestidad es esencial. No exageres ni mientas sobre tus intenciones o tu personalidad.

- 12.2.2. Cómo Iniciar una Conversación

- En las aplicaciones de citas, la primera línea es crucial. Evita los clichés y opta por algo único y que despierte el interés.

- Ejemplo: En lugar de simplemente decir "Hola", comenta algo que te llame la atención del perfil de la otra persona, como un hobby o una foto interesante.

- **12.3. Mantener la Atracción en Conversaciones Virtuales**

- **Una vez que la conversación comienza, debes saber cómo mantener el interés de la otra persona, sin que la comunicación se vuelva monótona o forzada.**

- **12.3.1. Equilibrar la Interacción Virtual y Real**

- **No dependas exclusivamente de la comunicación digital. Si la conversación se mantiene interesante, sugiere una videollamada o una cita en persona.**

- **Consejo: Las conversaciones virtuales son buenas para conocer a alguien, pero no hay sustituto para la conexión cara a cara.**

- **12.3.2. La Importancia de la Paciencia y el Espacio**

- **No apresures las cosas. Dale tiempo a la otra persona para responder y no presiones para conseguir una respuesta inmediata.**

- **Ejemplo: Si la otra persona está ocupada o no puede responder rápidamente, no te frustres. Mantén la calma y continúa con tu vida.**

- **12.4. La Seducción y la Conexión Emocional en el Mundo Virtual**

- **La conexión emocional es más difícil de lograr en el entorno digital, pero no imposible. El secreto está en cómo construir la confianza y la empatía, incluso a través de una pantalla.**

- **12.4.1. La Seducción a Través de las Palabras**

- **En el entorno digital, las palabras se vuelven mucho más poderosas. Usa el lenguaje para transmitir tu sinceridad y tus emociones de manera clara.**

- **Ejemplo: No subestimes el poder de un mensaje bien redactado o una respuesta que muestre atención y cuidado.**

- **12.4.2. Ser Auténtico en tus Interacciones**

- **En línea, la tentación de crear una versión idealizada de ti mismo puede ser grande. Sin embargo, ser auténtico siempre es la mejor estrategia para generar una conexión real.**

- **Consejo: Muestra quién eres realmente y no trates de crear una falsa imagen solo para impresionar.**

- **12.5. La Seducción y la Seguridad en Línea**

- **La seducción en línea también implica ser consciente de la seguridad y de los riesgos asociados con la exposición personal en el mundo digital.**

- **12.5.1. Protección de tu Privacidad**

- **No compartas demasiada información personal al principio de una relación digital. Mantén tus detalles más privados, como dirección, teléfono o información bancaria, reservados.**

- **Consejo: Siempre ten precaución antes de compartir tus redes sociales o detalles íntimos con alguien que recién conoces en línea.**

- **12.5.2. Detectar Comportamientos Manipulativos**

- **En el mundo digital, es más fácil caer en manos de personas manipuladoras o deshonestas. Presta atención a las señales de alerta, como insistencia excesiva o comportamientos demasiado invasivos.**

- **Ejemplo: Si alguien comienza a pedirte favores muy personales o financieros sin conocerte bien, es importante hacer una pausa y reconsiderar la situación.**

- **Capítulo 13: La Seducción como Estilo de Vida**

- **La seducción no debe ser vista solo como una técnica o táctica para ganar la atención de alguien; debe integrarse como parte de tu estilo de vida. En este capítulo, exploraremos cómo adoptar una mentalidad seductora que te permita atraer a las personas de forma natural y auténtica, sin esfuerzo excesivo, y cómo mantener esa energía en tu día a día.**

- **13.1. La Seducción como Expresión de Autenticidad**

- **El primer paso para convertir la seducción en un estilo de vida es dejar de verla como un juego de manipulación y verla como una extensión de tu verdadera esencia.**

- **13.1.1. Ser Tú Mismo de Manera Excepcional**

- **La clave de la seducción auténtica es ser fiel a quien eres. No necesitas adoptar una personalidad falsa para atraer a los demás.**

- **Consejo: El verdadero magnetismo radica en aceptar tus cualidades y mostrar una versión auténtica de ti mismo. Las personas se sienten atraídas por la confianza que emana de la autenticidad.**

- **13.1.2. La Seducción como Forma de Expresión Personal**

- **La forma en que te vistes, hablas y te comportas es una forma de seducción. La seducción debe ser vista como una forma de mostrar al mundo quién eres sin miedo ni vergüenza.**

- **Ejemplo: Si te apasiona un tema o una actividad, compártelo con entusiasmo; la pasión es una de las cualidades más seductoras.**

- **13.2. La Seducción como una Actitud Positiva**

- **Convertir la seducción en un estilo de vida implica adoptar una actitud positiva y optimista ante la vida. Las personas se sienten atraídas por aquellos que proyectan energía positiva y confianza.**

- **13.2.1. Ser Carismático y Optimista**

- **La seducción es en gran parte una cuestión de energía. Si eres positivo, carismático y optimista, naturalmente atraerás a las personas.**

- Consejo: Cultiva el hábito de pensar positivamente, enfocándote en lo bueno y evitando la negatividad.

- 13.2.2. Desarrollar una Mentalidad de Abundancia

- Las personas que tienen una mentalidad de abundancia creen que siempre hay más oportunidades disponibles. Esta mentalidad se traduce en confianza y atractivo, ya que te permite acercarte a las interacciones sin miedo o desesperación.

- Ejemplo: En lugar de ver una interacción como una "oportunidad perdida" si no sale bien, ve cada encuentro como una nueva experiencia que te ayuda a crecer.

- **13.3. El Poder de la Presencia y la Atención Plena**

- **La seducción es también la capacidad de estar completamente presente y atento cuando interactúas con alguien. Esto crea una conexión genuina que va más allá de la superficialidad.**

- **13.3.1. La Seducción a Través de la Escucha Activa**

- **Prestar atención plena a la otra persona demuestra que valoras lo que dice y que estás genuinamente interesado. La escucha activa es una herramienta poderosa de seducción.**

- **Ejemplo: Cuando alguien habla contigo, haz preguntas relacionadas con lo que dice, y demuestra que estás involucrado en la conversación.**

- 13.3.2. Cultivar la Presencia

- La presencia es la capacidad de estar completamente en el momento y de proyectar una energía que capta la atención de los demás. Practicar la atención plena a través de la meditación, el yoga o simplemente enfocándote en el aquí y el ahora puede mejorar tu presencia.

- Consejo: La próxima vez que hables con alguien, asegúrate de dejar de lado distracciones como el teléfono y concéntrate completamente en la persona con la que estás.

- 13.4. Seducción y el Cuidado de Ti Mismo

- Una parte importante de la seducción como estilo de vida es cuidar de ti mismo tanto física como mentalmente. La energía que inviertes en tu bienestar se refleja en cómo atraes a los demás.

- 13.4.1. Mantenerte Físicamente Atractivo

- No es necesario seguir los estándares convencionales de belleza, pero mantenerte saludable, en forma y cuidar tu higiene personal son aspectos fundamentales de la seducción.

- Consejo: Dedica tiempo cada día a hacer ejercicio, comer bien y dormir lo suficiente. Esto te ayudará a mantenerte energizado y positivo.

- 13.4.2. El Cuidado Emocional y Mental

- La seducción también implica mantener un equilibrio emocional. La gente se siente atraída por aquellos que están emocionalmente estables, seguros de sí mismos y en paz con su entorno.

- Ejemplo: Practica el autocuidado emocional, como hablar sobre tus emociones con confianza y manejar el estrés de manera efectiva.

- 13.5. La Seducción Natural: Hacerlo Sin Esfuerzo

- La seducción más efectiva no se siente como un esfuerzo. Es natural, fluida y se da sin forzar las cosas. Convertir la seducción en un estilo de vida implica liberar el proceso de las expectativas y dejar que todo fluya.

- ### 13.5.1. No Ver la Seducción como un Juego

- La seducción debe ser vista como un arte de conexión, no como un juego o una táctica para obtener algo. Si ves la seducción como una forma de compartir energía positiva y genuina, se vuelve mucho más fácil y atractivo.

- **Consejo:** En lugar de enfocarte en "ganar" o "perder" en una interacción, concéntrate en la experiencia y en la conexión que estás creando.

- ### 13.5.2. La Seducción al Natural

- Las personas más seductoras son aquellas que no lo intentan demasiado. La seducción natural proviene de la autoconfianza y la autenticidad.

- **Ejemplo: Haz que tu presencia sea seductora a través de tu forma de ser, tu mirada, tu tono de voz y tu manera de comunicarte, sin tener que sobrecargar las interacciones con tácticas o trucos.**

- **Capítulo 14: La Seducción y el Éxito Profesional**

- **La seducción no solo tiene lugar en el ámbito personal; también puede jugar un papel crucial en el entorno profesional. Este capítulo explorará cómo la seducción, entendida como el arte de conectar y atraer, puede ser una herramienta poderosa para mejorar tu carrera y relaciones profesionales, siempre desde un lugar de ética y respeto.**

- **14.1. La Seducción en el Mundo Profesional: Más Allá de la Imagen Personal**

- **En el entorno laboral, la seducción no se trata solo de atraer o impresionar a los demás físicamente; se refiere a cómo puedes utilizar tu presencia, habilidades sociales y la capacidad de influir positivamente en los demás para avanzar en tu carrera.**

- **14.1.1. Seducción a Través de la Inteligencia Emocional**

- **La inteligencia emocional, que incluye la capacidad de reconocer, entender y gestionar tanto tus propias emociones como las de los demás, es un componente clave de la seducción profesional.**

- **Consejo: Aprende a leer las emociones y motivaciones de los demás en tu entorno de trabajo, esto te ayudará a conectar mejor y a manejar de manera efectiva las relaciones laborales.**

- **14.1.2. La Influencia a Través de la Comunicación Eficaz**

- **La habilidad de comunicarte de manera clara y persuasiva es una de las formas más efectivas de seducir en el ámbito profesional. No solo se trata de hablar bien, sino de escuchar activamente y saber cómo adaptar tu mensaje a tu audiencia.**

- **Ejemplo: Utiliza técnicas de comunicación como la escucha activa, el lenguaje corporal positivo y la claridad en tu mensaje para crear una atmósfera de colaboración.**

- **14.2. Seducción y Construcción de Relaciones Profesionales**

- **En los negocios y el entorno profesional, las relaciones son esenciales. La capacidad para construir una red sólida de contactos y aliados estratégicos puede ser facilitada por tu habilidad para seducir de manera ética, mostrando tu interés genuino por los demás.**

- **14.2.1. Creando Conexiones Genuinas**

- **La seducción profesional implica crear conexiones auténticas y significativas con colegas, jefes, clientes y otras personas clave en tu sector.**

- Consejo: Sé genuino en tu interés por los demás, escucha sus necesidades y preocupaciones, y ofrece apoyo de manera desinteresada cuando sea posible.

- 14.2.2. Seducción a Través de la Empatía y la Confianza

- La empatía y la confianza son fundamentales en cualquier relación profesional. Cuando los demás sienten que pueden confiar en ti y que comprendes sus perspectivas, se abrirán más fácilmente a colaborar contigo.

- Ejemplo: Haz preguntas abiertas durante las conversaciones para entender mejor las perspectivas de los demás, mostrando que valoras su opinión.

- **14.3. La Seducción como Liderazgo**

- **El liderazgo es una de las áreas donde la seducción puede tener un impacto significativo. Un buen líder no solo maneja equipos, sino que inspira, motiva y atrae a las personas hacia una visión común.**

- **14.3.1. Seducción a Través de la Inspiración y la Visión**

- **Los líderes seductores tienen una visión clara y son capaces de inspirar a los demás a unirse a ella. Esta seducción no se trata de control, sino de guiar a las personas hacia objetivos comunes de manera apasionada.**

- **Consejo: Comparte tu visión de manera emocionante y atractiva, mostrando cómo el trabajo en equipo puede lograr metas extraordinarias.**

- **14.3.2. El Poder de la Confianza en Uno Mismo**

- **Un líder que se muestra seguro de sí mismo proyecta confianza, lo que atrae a otros a seguir su ejemplo. La confianza en uno mismo es una de las características más seductoras en el liderazgo profesional.**

- **Ejemplo: Practica la toma de decisiones con seguridad y muestra tu capacidad para mantener la calma en momentos de incertidumbre. Esto inspirará confianza en tu equipo.**

- **14.4. La Seducción y la Negociación Profesional**

- En el mundo de los negocios, la seducción también se puede aplicar en las negociaciones. La clave está en cómo persuades, influyes y logras acuerdos sin recurrir a la manipulación.

- 14.4.1. Seducción a Través de la Persuasión Sutil

- La persuasión en una negociación debe ser sutil, no forzada. Saber cómo presentar tus ideas de manera convincente, respetando las necesidades y deseos de la otra parte, es una habilidad clave.

- Consejo: Utiliza la escucha activa para comprender las prioridades de la otra parte, y luego presenta tus propuestas de manera que se alineen con sus intereses.

- 14.4.2. Manejo de Objeciones con Elegancia

- Durante las negociaciones, las objeciones son comunes. La manera en que las manejas puede hacer la diferencia entre ganar o perder un acuerdo.

- Ejemplo: En lugar de reaccionar de manera defensiva, aborda las objeciones de manera calmada y ofrece soluciones que beneficien a ambas partes.

- 14.5. Seducción y la Ética Profesional

- Al igual que en las interacciones personales, la seducción en el ámbito profesional debe basarse en la ética y el respeto mutuo. La manipulación o el uso indebido de tu poder para obtener ventajas puede dañar tu reputación y tus relaciones laborales.

- 14.5.1. Ser Transparente y Honesto en tus Intenciones

- En cualquier entorno profesional, es fundamental ser transparente con tus intenciones. No utilices la seducción para obtener ventajas injustas o para manipular a los demás.

- Consejo: Mantén siempre la honestidad y la integridad en tus interacciones laborales. La transparencia genera confianza, y la confianza es la base de una carrera exitosa.

- **14.5.2. El Respeto como Pilar Fundamental**

- **El respeto hacia los demás es la base de todas las relaciones, incluyendo las profesionales. Nunca utilices la seducción de manera que invada la privacidad o los límites de los demás.**

- **Ejemplo: Asegúrate de que tus acciones y comportamientos no sean percibidos como aprovechamientos, sino como una verdadera apreciación y respeto por el trabajo y los esfuerzos de los demás.**

- **Capítulo 15: La Seducción en las Relaciones a Largo Plazo**

- La seducción en el contexto de una relación a largo plazo no es algo que se agote con el tiempo; por el contrario, se convierte en una parte fundamental para mantener el deseo, la conexión y la intimidad en el día a día. Este capítulo explorará cómo aplicar los principios de la seducción para mantener viva la chispa en una relación a largo plazo, sin caer en la rutina ni la monotonía.

- 15.1. La Seducción en la Comodidad de la Cotidianidad

- A menudo, las relaciones a largo plazo pueden caer en la rutina, pero la seducción sigue siendo esencial para mantener la chispa. La seducción en una relación a largo plazo no tiene que ver solo con lo físico; es más acerca de cómo mantener el misterio, el deseo y la conexión emocional.

- **15.1.1. No Dejar de Cortejar**

- **Aunque la relación esté consolidada, el coqueteo y la seducción no deben desaparecer. Jugar con la atracción física y emocional de forma ligera puede mantener el deseo y la emoción entre ambos.**

- **Consejo: Haz pequeños gestos como dejar mensajes coquetos, sorprender a tu pareja con detalles espontáneos o planificar citas especiales, incluso si ya llevan años juntos.**

- **15.1.2. Seducción Mental: Crear Conversaciones Profundas**

- La seducción en una relación a largo plazo también puede ser mental. Mantener conversaciones profundas y significativas acerca de sueños, deseos y aspiraciones puede revivir la atracción intelectual y emocional.

- Ejemplo: Dedica tiempo a hablar sobre lo que ambos esperan del futuro y cómo pueden seguir creciendo juntos.

- 15.2. El Misterio en una Relación Estable

- En las relaciones a largo plazo, el misterio no tiene que ver con ocultar secretos, sino con mantener una chispa de curiosidad y fascinación.

- **15.2.1. Espacios Propios y Autonomía**

- **Una de las maneras más efectivas de mantener el misterio y la atracción es otorgar espacio personal a tu pareja. Ambos deben tener tiempo y actividades propias que los hagan sentir realizados individualmente.**

- **Consejo: No invadas la privacidad de tu pareja y, al mismo tiempo, asegúrate de que ambos se mantengan con intereses y proyectos propios. Esto mantiene un aire de misterio y les da algo sobre lo que hablar cuando se reencuentran.**

- **15.2.2. Evitar la Comodidad Excesiva**

- En una relación a largo plazo, es fácil caer en la zona de confort, pero la comodidad excesiva puede restar deseo. Mantener una dosis de novedad y sorpresa es clave.

- Ejemplo: Planifica una sorpresa o un cambio de rutina, como un viaje inesperado o un evento especial, que rompa con la normalidad y reviva la atracción.

- 15.3. La Seducción en la Intimidad Emocional y Física

- En una relación a largo plazo, la seducción también debe manifestarse en la intimidad física y emocional. No se trata solo de mantener el deseo físico, sino de profundizar en la conexión emocional.

- **15.3.1. Seducción Emocional: Cultivar la Conexión Profunda**

- **La intimidad emocional es la base de una relación duradera. Dedicar tiempo a escuchar activamente a tu pareja y apoyarlo emocionalmente crea un vínculo más fuerte.**

- **Consejo: Organiza momentos de vulnerabilidad donde ambos puedan compartir sus miedos, anhelos y recuerdos, creando un espacio seguro para que ambos se expresen.**

- **15.3.2. Seducción Física: Mantener la Atracción Física Viva**

- **La atracción física sigue siendo importante en una relación a largo plazo. Pequeños gestos como el contacto físico, abrazos, besos y caricias son esenciales para mantener la chispa.**

- **Ejemplo: Dedica tiempo a tener citas íntimas donde solo se enfoquen en disfrutar de la compañía del otro sin distracciones. A veces, los pequeños gestos son más seductores que un gran acto.**

- **15.4. La Seducción a Través del Apoyo y la Confianza**

- **La seducción en una relación sólida también está relacionada con cómo te apoyas mutuamente, confiando en las fortalezas y capacidades de tu pareja. Esta confianza mutua aumenta la atracción y la conexión emocional.**

- **15.4.1. Seducción a Través de la Apoyo Constante**

- Una relación a largo plazo que se basa en el apoyo mutuo crea una atmósfera seductora de seguridad y conexión. Cuando tu pareja sabe que puede contar contigo, esto genera una atracción emocional que va más allá de lo físico.

- Consejo: Sé el apoyo de tu pareja durante momentos difíciles, y celebra sus logros con sinceridad. El apoyo emocional profundo es una forma potente de seducción.

- 15.4.2. Confianza y Vulnerabilidad como Herramientas de Seducción

- La vulnerabilidad no solo acerca de compartir debilidades, sino también de abrirte emocionalmente y permitir que tu pareja vea tus inseguridades. Esta transparencia puede fortalecer la atracción al crear una conexión más profunda.

- Ejemplo: Habla de tus miedos y deseos con honestidad, y anima a tu pareja a hacer lo mismo. La confianza y la vulnerabilidad, cuando se gestionan de manera saludable, generan una seducción basada en la autenticidad.

- 15.5. Renovando el Deseo: La Seducción Continua

- El deseo en una relación a largo plazo no debe ser estático. Debe renovarse constantemente a través de pequeños detalles, nuevas experiencias y la disposición para evolucionar juntos.

- 15.5.1. El Poder de la Sorpresa y la Novedad

- La rutina puede matar el deseo en una relación, pero introducir nuevas experiencias puede revitalizar la atracción. La seducción continua implica experimentar y explorar cosas nuevas juntos.

- Consejo: Haz cosas que nunca han hecho juntos, como aprender algo nuevo o realizar actividades inusuales que ambos disfruten. Esto crea recuerdos compartidos que avivarán la llama del deseo.

- 15.5.2. El Respeto Mutuo como Base de la Seducción

- Una relación a largo plazo debe basarse en el respeto mutuo. Este respeto es la base sobre la cual se construye la seducción emocional y física.

- Ejemplo: Trata a tu pareja con amabilidad y consideración, incluso en los pequeños detalles, ya que el respeto mutuo es lo que permite que la atracción y el deseo sigan creciendo con el tiempo.

- Este capítulo resalta la importancia de seguir practicando la seducción a lo largo de una relación, no solo al principio, sino de manera continua para mantener el deseo y la conexión. Con estas prácticas, puedes asegurar que tu relación a largo plazo siga siendo apasionada y enriquecedora.

- Capítulo 16: La Seducción y la Autoestima

- La seducción no solo depende de las habilidades sociales, el atractivo físico o el carisma, sino también de la autoestima. Una persona con una autoestima saludable tiene más facilidad para atraer a los demás, ya que proyecta confianza y seguridad en sí misma. Este capítulo explorará cómo la seducción y la autoestima están interconectadas, y cómo puedes fortalecer tu autoestima para convertirte en una persona más atractiva, no solo a nivel físico, sino también emocional y mental.

- 16.1. La Relación entre Seducción y Autoestima

- La autoestima, esa percepción positiva y segura que tienes de ti mismo, es uno de los pilares fundamentales para seducir a los demás. La forma en que te ves y te valoras impacta directamente en cómo los demás te perciben. Una autoestima alta no significa arrogancia, sino una confianza serena y auténtica que irradia atractivo.

- 16.1.1. La Seguridad Interior como Base de la Seducción

- La seguridad en uno mismo es una cualidad muy seductora. Cuando te sientes cómodo contigo mismo, proyectas una energía positiva que atrae a las personas hacia ti de forma natural.

- Consejo: Trabaja en tu autoconocimiento y en la aceptación de tus fortalezas y debilidades. Cuanto más te aceptes, más fácil será transmitir esa confianza a los demás.

- 16.1.2. La Aceptación Personal como Clave para Conectar con los Demás

- Aceptarte a ti mismo es fundamental. Cuando dejas de compararte constantemente con los demás y te enfocas en tus propias cualidades y logros, tu autoestima mejora y, como consecuencia, tu poder de seducción.

- Ejemplo: Haz una lista de tus cualidades positivas y recuerda cada vez que te enfrentes a un reto, que esas cualidades son las que te hacen único y valioso.

- **16.2. Cómo Mejorar tu Autoestima para Potenciar tu Seducción**

- Si deseas aumentar tu capacidad de seducir, debes trabajar en tu autoestima. Esto no implica cambios superficiales, sino una transformación profunda en cómo te percibes a ti mismo.

- **16.2.1. El Cuidado Personal como Reflexión de la Autoestima**

- El cuidado personal es una manifestación externa de tu autoestima. Invertir tiempo en tu bienestar físico, emocional y mental no solo te hará sentirte mejor contigo mismo, sino que también mejorará cómo te perciben los demás.

- **Consejo: Dedica tiempo para cuidar tu cuerpo, hacer ejercicio, alimentarte bien y descansar lo suficiente. El bienestar físico también impacta directamente en tu estado de ánimo y en tu energía seductora.**

- **16.2.2. Desarrollar una Mentalidad Positiva y de Abundancia**

- **Las personas con una mentalidad positiva y de abundancia tienden a atraer a los demás, ya que son vistas como optimistas y seguras. Cambiar tu perspectiva hacia una más positiva puede hacer maravillas por tu autoestima.**

- **Ejemplo: Cada vez que enfrentes un desafío, cambia tu enfoque de "no puedo" a "voy a intentarlo". Esta mentalidad cambia tu percepción de ti mismo y te hace mucho más atractivo.**

- **16.3. La Seducción como Reflejo de la Autoestima Alta**

- **Cuando tu autoestima está en su mejor nivel, tu seducción no solo proviene de lo que haces o dices, sino también de cómo te sientes contigo mismo. La autenticidad y la seguridad en tu propia piel son las claves para atraer a los demás de manera genuina.**

- **16.3.1. Seducción No Verbal: El Poder del Lenguaje Corporal**

- **El lenguaje corporal es un reflejo directo de tu autoestima. Cuando te sientes seguro de ti mismo, tu postura, tus gestos y tu mirada cambian, haciéndote parecer más accesible, atractivo y seductor.**

- Consejo: Practica mantener una postura erguida, mirar a los ojos de las personas con confianza y sonreír de manera genuina. Esto no solo proyecta seguridad, sino que también atrae a los demás.

- 16.3.2. La Seducción Interior: Confianza y Autenticidad

- Las personas con alta autoestima no necesitan esforzarse para ser seductoras; su autenticidad es lo que las hace atractivas. La clave está en ser uno mismo sin intentar ser lo que los demás esperan que seas.

- Ejemplo: No intentes impresionar a los demás con actitudes o comportamientos que no te representan. La autenticidad es mucho más seductora que la perfección.

- **16.4. La Autoestima y el Mantenimiento de las Relaciones**

- **La autoestima no solo impacta en cómo atraes a los demás, sino también en cómo mantienes relaciones saludables y duraderas. En una relación, la autoestima juega un papel crucial al permitirte establecer límites saludables, comunicarte de manera efectiva y manejar las dificultades con confianza.**

- **16.4.1. La Importancia de Establecer Límites Saludables**

- **Las personas con una autoestima alta saben cómo establecer límites saludables en sus relaciones. Esto significa no permitir que los demás crucen tus límites y, al mismo tiempo, respetar los de ellos.**

- Consejo: Aprende a decir "no" cuando sea necesario y a comunicar tus necesidades de forma clara y respetuosa. Establecer límites saludables te permite mantener una relación equilibrada y respetuosa.

- 16.4.2. La Autoestima en los Momentos de Conflicto

- Cuando surgen conflictos, la forma en que manejas las situaciones difíciles depende de tu autoestima. Si tienes una buena autoestima, serás capaz de abordar los problemas con calma y claridad, sin dejarte llevar por la inseguridad o la ansiedad.

- Ejemplo: En lugar de tomar las críticas de forma personal, usa los conflictos como oportunidades para aprender y mejorar la relación. La autoestima te permite enfrentarlos de manera constructiva.

- 16.5. La Seducción en el Autodescubrimiento

- El autodescubrimiento es un proceso continuo. A medida que avanzas en tu vida y experiencias, tu autoestima puede transformarse. Este proceso de autodescubrimiento no solo mejora tu seducción, sino que también te permite vivir una vida más plena y auténtica.

- 16.5.1. El Poder del Autoconocimiento

- Conocerte a ti mismo te permite identificar tus fortalezas y áreas de crecimiento. Este conocimiento te da el poder de mejorar no solo tu autoestima, sino también la forma en que te relacionas con los demás.

- Consejo: Realiza una autoevaluación periódica, reflexionando sobre tus logros, tus valores y las áreas que deseas mejorar. Este proceso te hará sentirte más conectado contigo mismo y con los demás.

- 16.5.2. La Seducción Continua a Través del Crecimiento Personal

- La seducción no se trata solo de lo que proyectas a los demás en un momento dado; también tiene que ver con tu evolución constante. A medida que te desarrollas como persona, te vuelves más atractivo para los demás, porque la gente se siente atraída por aquellos que están en constante crecimiento.

- Ejemplo: Invierte en tu crecimiento personal, ya sea a través de la lectura, el aprendizaje de nuevas habilidades o la exploración de nuevas perspectivas. Esta actitud de crecimiento constante será increíblemente seductora.

- Este capítulo te ha mostrado cómo una autoestima saludable es esencial para potenciar tu poder de seducción. Cuando trabajas en ti mismo y te aceptas tal como eres, irradias confianza y atractivo, lo que te permite conectar de manera auténtica con los demás.

- Capítulo 17: La Seducción y la Psicología Humana

- La seducción no solo está influenciada por la apariencia física o las habilidades de comunicación, sino también por factores psicológicos profundos que afectan cómo las personas se sienten atraídas y se relacionan entre sí. Comprender los principios psicológicos detrás de la seducción puede hacer que tus interacciones sean más efectivas, auténticas y poderosas. Este capítulo explora cómo puedes aplicar la psicología humana para mejorar tus habilidades de seducción y entender mejor las dinámicas entre tú y los demás.

- 17.1. La Psicología de la Atracción

- La atracción no es un fenómeno simple; está determinada por una compleja interacción de factores psicológicos que van más allá de la apariencia física. La psicología de la atracción se basa en una serie de principios que influyen en la forma en que nos sentimos atraídos por los demás.

- 17.1.1. El Efecto Halo: La Primera Impresión

- El efecto halo es un fenómeno psicológico donde la percepción de una cualidad positiva de una persona (como su apariencia física o una sonrisa cálida) influye en la forma en que se perciben otras cualidades.

- **Consejo: Aprovecha tu primera impresión. Si proyectas confianza, simpatía y positividad desde el primer momento, las personas tenderán a asumir que tienes otras cualidades atractivas, como inteligencia o amabilidad, incluso sin conocer todos los detalles.**

- **17.1.2. La Similitud: Las Personas Se Atraen por lo Que Tienen en Común**

- **La similitud es uno de los factores más poderosos que generan atracción. Las personas tienden a sentirse más atraídas por quienes tienen intereses, valores y creencias similares.**

- **Ejemplo: Encuentra puntos en común durante una conversación, como hobbies, pasatiempos o metas. Mostrar interés genuino en lo que tiene en común con la otra persona puede aumentar la atracción mutua.**

- **17.2. El Poder de la Escucha Activa y la Empatía**

- **La psicología de la seducción no solo se basa en lo que dices, sino también en cómo escuchas. La escucha activa y la empatía son fundamentales para crear una conexión emocional profunda que fomente la atracción.**

- **17.2.1. Escucha Activa: La Clave para Conectar Emocionalmente**

- La escucha activa implica prestar total atención a lo que la otra persona está diciendo, sin interrumpir, y hacer preguntas que demuestren interés genuino. Esta habilidad permite que la otra persona se sienta valorada y comprendida, lo que fomenta la atracción.

- Consejo: Practica escuchar sin juzgar ni interrumpir, y refleja lo que la otra persona dice para demostrar que entiendes sus sentimientos y pensamientos. Esta conexión emocional fortalece la seducción.

- 17.2.2. Empatía: Ponerse en el Lugar del Otro

- La empatía va más allá de escuchar; se trata de comprender y compartir los sentimientos de la otra persona. Ser empático te permite conectar de manera más profunda y genuina, creando una sensación de intimidad que es muy seductora.

- Ejemplo: Si tu pareja o alguien con quien estás coqueteando te comparte un reto emocional, muestra empatía genuina. No solo escuches, sino también valida sus emociones y ofrece apoyo. Esta conexión emocional aumenta la atracción.

- 17.3. El Efecto de la Escasez: La Atracción por lo Inalcanzable

- La psicología de la seducción también se basa en la escasez: las personas tienden a valorar más lo que perciben como limitado o escaso. Este principio se puede aplicar en las relaciones para aumentar la atracción.

- 17.3.1. La Ley de la Escasez: Lo Que es Raro es Apreciado

- Según la ley de la escasez, las personas tienden a valorar más lo que no pueden obtener fácilmente. Si eres accesible todo el tiempo, es posible que no te valoren tanto. Crear un poco de misterio o distancia puede aumentar el interés y el deseo.

- Consejo: No estés disponible todo el tiempo. Mantén cierto nivel de misterio y haz que la otra persona valore tu presencia al ofrecerla de forma selectiva.

- **17.3.2. El Efecto de la Competencia: Aumentar la Apreciación a Través de la Atracción de Otros**

- **La competencia también puede aumentar la atracción. Cuando las personas perciben que alguien es deseado por otros, se sienten más atraídas por esa persona, ya que la competencia aumenta su valor percibido.**

- **Ejemplo: No se trata de atraer a otras personas de manera descarada, sino de ser consciente de tu atractivo general y de cómo tu vida social activa el interés de los demás. No te sientas inseguro si alguien muestra interés en otras personas; en cambio, disfrútalo como una forma de aumentar tu propio atractivo.**

- **17.4. La Psicología de la Persuasión: Cómo Influir en las Decisiones de los Demás**

- **La seducción no es solo una cuestión de atraer a alguien, sino también de persuadir. La psicología de la persuasión es un aspecto clave de la seducción, ya que entender cómo influir en las decisiones de los demás puede mejorar enormemente tus habilidades.**

- **17.4.1. La Reciprocidad: Dar para Recibir**

- La reciprocidad es un principio psicológico que sugiere que cuando alguien te da algo, sientes la necesidad de devolver el favor. Esto se puede aplicar a la seducción, ofreciendo algo positivo a la otra persona, como un elogio, un gesto amable o una acción desinteresada.

- Consejo: Ofrecer algo genuino a la otra persona, sin esperar nada a cambio, puede hacer que se sientan más atraídos y, en última instancia, más dispuestos a devolver el favor. Esta dinámica fomenta una conexión profunda y mutua.

- 17.4.2. La Autoridad: Ser Percibido Como un Líder o Referente

- La autoridad juega un papel importante en la seducción. Las personas tienden a sentirse atraídas por aquellos que proyectan seguridad y conocimientos en áreas en las que tienen experiencia.

- Ejemplo: Si eres un experto en un tema, no dudes en compartir tus conocimientos de manera humilde pero confiada. Ser percibido como una persona sabia y confiable aumenta tu atractivo y persuasión.

- 17.5. El Impacto de la Psicología de la Seducción en las Relaciones Duraderas

- La psicología de la seducción no se limita solo al coqueteo o a las primeras etapas de una relación. Aplicar estos principios de manera consciente también puede ser útil para mantener la atracción y la conexión emocional en relaciones a largo plazo.

- 17.5.1. El Mantenimiento de la Atracción en el Tiempo

- La psicología de la seducción también tiene que ver con cómo mantener la atracción a lo largo del tiempo. Entender las necesidades emocionales y psicológicas de tu pareja te permite crear un ambiente de seducción constante, sin que se apague el deseo.

- Consejo: Fomenta la novedad, el misterio y la conexión emocional profunda para que la atracción se mantenga viva, incluso después de años de relación.

- **17.5.2. El Papel de la Psicología en la Resolución de Conflictos**

- **La psicología de la seducción también se puede aplicar en la forma en que manejas los conflictos. En lugar de centrarte en ganar, enfócate en comprender la perspectiva de tu pareja, lo que facilita la resolución de problemas de manera constructiva.**

- **Ejemplo: Usa tus habilidades de empatía y persuasión para resolver desacuerdos de una manera que refuerce la conexión emocional, en lugar de crear distanciamiento.**

- **Este capítulo te ha proporcionado una visión profunda de cómo la psicología humana juega un papel crucial en la seducción. Al entender los principios psicológicos que afectan la atracción, la conexión y la persuasión, puedes fortalecer tus habilidades de seducción de manera más efectiva y auténtica.**

- **Capítulo 18: La Seducción a Través de la Comunicación No Verbal**

- La seducción no solo se basa en lo que dices, sino en cómo lo dices, y muchas veces, en lo que no dices. La comunicación no verbal juega un papel fundamental en la seducción, ya que las señales que enviamos a través de nuestro cuerpo, gestos, miradas y postura tienen un impacto profundo en la forma en que nos perciben los demás. Este capítulo explorará cómo puedes utilizar la comunicación no verbal para potenciar tus habilidades de seducción y mejorar tus interacciones con los demás.

- 18.1. La Importancia de la Comunicación No Verbal

- La comunicación no verbal se refiere a los gestos, posturas, expresiones faciales y otros comportamientos que utilizamos para comunicarnos, sin necesidad de palabras. Esta forma de comunicación puede ser mucho más poderosa que las palabras, ya que a menudo transmite emociones y sentimientos que las palabras no pueden expresar de manera tan efectiva.

- 18.1.1. El Lenguaje Corporal como Reflejo de tu Estado Emocional

- El lenguaje corporal es un reflejo directo de tus emociones y tu estado interno. Si te sientes seguro y relajado, tu cuerpo lo mostrará a través de una postura erguida, una sonrisa genuina y una mirada directa.

- Consejo: Sé consciente de tu lenguaje corporal. Mantén una postura abierta y relajada, y evita cruzar los brazos o mirar hacia abajo, ya que estos gestos pueden hacerte parecer cerrado o inseguro.

- 18.1.2. La Sincronización del Lenguaje Verbal y No Verbal

- La sincronización entre lo que dices y lo que tu cuerpo expresa es clave para que tu comunicación sea efectiva. Si tus palabras no coinciden con tu lenguaje corporal, las personas percibirán incoherencia y desconexión.

- Ejemplo: Si dices "me encanta estar contigo", pero tu lenguaje corporal es rígido y tenso, la otra persona puede no sentir esa misma emoción. Asegúrate de que tu cuerpo acompañe tus palabras de manera coherente.

- **18.2. El Poder de la Mirada**

- **Una de las formas más poderosas de seducción no verbal es a través de la mirada. Los ojos son conocidos como el "espejo del alma" y pueden transmitir una enorme cantidad de emociones, como interés, atracción y deseo.**

- **18.2.1. La Mirada Fija: Cómo Atraer Sin Palabras**

- **Mantener una mirada fija durante una conversación puede aumentar la atracción. Al mirar a los ojos de una persona, transmites interés y seguridad, lo que genera una sensación de conexión profunda.**

- Consejo: Evita mirar de forma excesiva o intimidante. Un contacto visual sostenido, combinado con una sonrisa genuina, es una de las maneras más efectivas de comunicar atracción sin usar palabras.

- 18.2.2. La Mirada de Desviación: Crear Misterio y Atracción

- Desviar la mirada de forma sutil en ciertos momentos puede aumentar la atracción, ya que genera un aire de misterio y desafío. Cuando miras hacia otro lado y luego vuelves a mirar, creas una sensación de tensión que aumenta el interés.

- Ejemplo: Mientras mantienes una conversación, mira a la persona a los ojos, luego desvía la mirada brevemente hacia otro lugar, y regresa a sus ojos con una sonrisa ligera. Esto crea una dinámica juguetona y seductora.

- 18.3. El Lenguaje de las Manos y los Gestos

- Las manos y los gestos son herramientas poderosas para seducir. Lo que haces con tus manos puede comunicar apertura, calidez, interés y hasta deseo.

- 18.3.1. Gestos Abiertos: Proyecta Confianza y Calidez

- Los gestos abiertos, como mantener las manos visibles y relajadas, proyectan confianza y accesibilidad. Evita esconder las manos en los bolsillos o cruzarlas, ya que esto puede hacerte parecer distante o defensivo.

- Consejo: Cuando hables, utiliza tus manos para enfatizar lo que estás diciendo. Los gestos suaves y naturales no solo comunican emociones, sino que también te hacen parecer más relajado y seguro.

- 18.3.2. El Toque Sutil: Crear Conexión a Través del Contacto

- El toque sutil puede ser una forma muy poderosa de seducción, siempre y cuando se haga de manera respetuosa y adecuada al contexto. Un toque ligero en el brazo, la mano o la espalda puede generar una sensación de cercanía y conexión.

- Ejemplo: Si estás hablando con alguien y la conversación es fluida y cómoda, un toque suave en su brazo o hombro puede ayudar a establecer una conexión emocional más profunda.

- 18.4. La Postura y su Impacto en la Seducción

- La postura es otro aspecto clave de la comunicación no verbal. Tu forma de pararte, caminar y moverte puede influir en la forma en que los demás te perciben y pueden hacerte parecer más atractivo o menos accesible.

- 18.4.1. Postura Erguida: Refleja Confianza y Atractivo

- Una postura erguida refleja confianza y seguridad, cualidades muy atractivas. Cuando caminas con la cabeza alta, los hombros hacia atrás y una espalda recta, proyectas una imagen de poder y atractivo.

- Consejo: Practica mantener una postura erguida tanto al caminar como al estar de pie. Esto te ayudará a sentirte más seguro y a proyectar una imagen más atractiva hacia los demás.

- **18.4.2. Postura Abierta: Invita a la Cercanía**

- **Una postura abierta, en la que evitas cruzar los brazos o mantenerte rígido, invita a la cercanía y la conexión. Al mantener una postura relajada y accesible, las personas se sienten más cómodas a tu alrededor.**

- **Ejemplo: Si te encuentras en una conversación, mantén los brazos relajados a los lados y evita tensar el cuerpo. Una postura abierta sugiere que estás receptivo y disponible para la interacción.**

- **18.5. La Sonrisa: La Seducción a Través del Rostro**

- La sonrisa es una de las formas más poderosas de seducción no verbal. Una sonrisa genuina no solo mejora tu apariencia, sino que también transmite amabilidad, confianza y calidez.

- 18.5.1. La Sonrisa Genuina: Un Indicador de Atractivo

- Una sonrisa genuina (también conocida como la sonrisa de Dúchenme) involucra tanto los músculos de la boca como los ojos. Esta sonrisa transmite felicidad y apertura, y es una de las señales más seductoras de una persona.

- Consejo: Practica sonreír de manera natural y genuina. La clave es no forzar la sonrisa, sino dejar que surja de una forma que refleje tu verdadera emoción.

- **18.5.2. La Sonrisa y la Atracción Instantánea**

- Una sonrisa encantadora tiene el poder de generar una atracción instantánea, ya que crea una atmósfera de positivismo y accesibilidad. Las personas tienden a sentirse atraídas por aquellos que sonríen de manera natural, ya que es percibido como un signo de amabilidad y confianza.

- Ejemplo: Al conocer a alguien por primera vez, sonríe con calidez. Esto no solo hace que la otra persona se sienta más cómoda, sino que también aumenta la probabilidad de una conexión inmediata.

- **18.6. La Seducción a Través de la Mirada y el Movimiento**

- Además de los gestos, los movimientos y el ritmo con el que te mueves también juegan un papel crucial en la seducción. La forma en que caminas, te acercas y te alejas de las personas puede transmitir un mensaje poderoso.

- 18.6.1. Caminar con Confianza: Proyecta Poder y Atractivo

- La forma en que caminas también puede influir en cómo te perciben. Caminar con pasos firmes y controlados proyecta poder, mientras que caminar rápidamente o con pasos vacilantes puede hacer que te percibas inseguro.

- Consejo: Practica caminar con pasos firmes y naturales. La forma en que te desplazas refleja mucho de tu actitud interna, y caminar con confianza es una de las formas más seductoras de mostrar seguridad.

- Este capítulo te ha mostrado cómo la comunicación no verbal es una herramienta poderosa en la seducción. Desde la postura hasta la sonrisa y los gestos, cada aspecto de tu lenguaje corporal puede influir en cómo eres percibido por los demás. Al dominar estos aspectos de la comunicación no verbal, podrás aumentar tu atractivo y establecer conexiones más profundas.

- Capítulo 19: La Seducción en el Mundo Digital

- Vivimos en una era digital en la que la comunicación virtual ha tomado un papel predominante en las interacciones sociales, románticas y seductoras. En este capítulo, exploraremos cómo la seducción se ha transformado en el contexto digital, proporcionando nuevas oportunidades y desafíos. Aprenderás cómo seducir y mantener el interés de alguien a través de medios digitales, desde las redes sociales hasta los mensajes directos y las videollamadas.

- 19.1. La Seducción en las Redes Sociales

- Las redes sociales se han convertido en una plataforma clave para iniciar y mantener relaciones. El reto radica en utilizar estos medios de manera efectiva para atraer a otros sin perder la autenticidad ni el control de la interacción.

- **19.1.1. La Importancia de tu Perfil Digital**

- Tu perfil en redes sociales es una extensión de tu identidad. Una foto de perfil atractiva, una biografía interesante y publicaciones bien pensadas pueden atraer a las personas adecuadas.

- Consejo: Elige imágenes en las que te veas auténtico y seguro. Comparte contenido que refleje tus intereses y valores, pero también que invite a la curiosidad y la interacción. Recuerda que la autenticidad es clave; no trates de crear una imagen falsa, ya que las personas lo notarán.

- 19.1.2. El Arte de los Mensajes Iniciales

- El primer mensaje es crucial en el mundo digital. Una introducción bien pensada y atractiva puede marcar la diferencia. Evita ser demasiado directo o genérico.

- Consejo: Personaliza tus mensajes iniciales en función del perfil de la persona. Haz una observación interesante sobre algo que comparten, como un gusto en común o un detalle en su biografía. Evita las líneas de apertura genéricas y muestra interés genuino desde el inicio.

- 19.1.3. La Curiosidad y el Misterio en las Redes Sociales

- Mantener cierto misterio es fundamental en la seducción digital. No reveles todo sobre ti demasiado rápido; crea intriga para que la otra persona quiera conocerte más.

- Consejo: Publica contenido que dé pistas sobre quién eres, pero guarda ciertos aspectos de tu vida para las conversaciones más profundas. Esto hará que los demás se sientan atraídos por el misterio y deseen descubrir más.

- 19.2. La Seducción a Través de los Mensajes de Texto

- Los mensajes de texto son una de las formas más comunes de comunicación digital y, por lo tanto, una herramienta esencial para la seducción. La forma en que escribimos, las palabras que elegimos y el ritmo de nuestros mensajes tienen un gran impacto en cómo los demás nos perciben.

- 19.2.1. La Frecuencia y Ritmo de los Mensajes

- El ritmo de los mensajes puede influir en el nivel de interés de la otra persona. Responder demasiado rápido puede parecer desesperado, mientras que responder con demasiada lentitud puede hacer que parezcas distante.

- Consejo: Mantén un equilibrio en la frecuencia de tus respuestas. Responde con interés, pero también deja espacio para que la otra persona se sienta motivada a mantener la conversación. No temas iniciar el siguiente tema, ya que esto muestra tu interés.

- 19.2.2. El Poder de los Emojis y el Lenguaje No Verbal

- Aunque los emojis pueden parecer superficiales, son herramientas poderosas para transmitir emociones y matices en un texto. Un emoji puede expresar una sonrisa, una broma o un guiño de complicidad.

- Consejo: Utiliza los emojis de manera sutil y acorde con el tono de la conversación. No sobrecargues tus mensajes, pero cuando se usan bien, pueden agregar calidez y cercanía a la interacción.

- 19.2.3. El Coqueteo Digital: Creando Tensión y Atracción

- El coqueteo digital se puede lograr a través de mensajes juguetones, preguntas intrigantes y comentarios que desafíen de manera ligera. Es importante no ser demasiado explícito, ya que el misterio es esencial para mantener el interés.

- **Consejo: Haz comentarios halagadores y ligeros, sin ser invasivo. En lugar de hablar directamente sobre la atracción, crea una atmósfera de coqueteo a través de juegos de palabras y bromas sutiles que despierten el deseo de conocer más.**

- **19.3. La Seducción a Través de las Videollamadas**

- **Las videollamadas ofrecen una forma única de conexión digital, que permite interactuar cara a cara, incluso en el mundo virtual. Las videollamadas pueden ser una poderosa herramienta de seducción, ya que permiten la comunicación no verbal y una mayor intimidad.**

- **19.3.1. Preparación y Apariencia en las Videollamadas**

- **En las videollamadas, tu apariencia juega un papel importante. Asegúrate de estar bien arreglado, pero sin exagerar. La autenticidad y la comodidad son esenciales para proyectar una imagen atractiva.**

- **Consejo: Elige un entorno adecuado para la videollamada: bien iluminado, ordenado y tranquilo. Tu rostro debe estar bien visible, y el fondo debe ser limpio y neutral. Evita distracciones y asegúrate de que el ambiente sea relajante y cómodo.**

- **19.3.2. El Lenguaje Corporal Durante las Video llamadas**

- Aunque las video llamadas no permiten la comunicación física directa, el lenguaje corporal sigue siendo fundamental. Mantén contacto visual con la cámara para simular una mirada directa. Usa gestos y sonrisas para mostrar interés y calidez.

- Consejo: Evita mirar constantemente la pantalla o apartar la vista de la cámara. Mirar a los ojos de la otra persona crea una conexión emocional más fuerte y demuestra atención plena.

- 19.3.3. Crear Intimidad a Través de la Pantalla

- Para crear intimidad durante una videollamada, es importante ser auténtico y vulnerable. Hablar de tus pensamientos, emociones y experiencias personales crea un vínculo más fuerte y hace que la otra persona se sienta más cercana.

- Consejo: No tengas miedo de compartir tus pensamientos o experiencias personales de forma genuina. La vulnerabilidad puede ser muy seductora, ya que genera una sensación de conexión profunda y confianza.

- 19.4. Los Peligros de la Seducción Digital

- Aunque el mundo digital ofrece muchas oportunidades para seducir, también plantea ciertos riesgos. La seducción en línea puede ser malinterpretada, y la falta de comunicación física puede generar malentendidos. Además, el anonimato en línea puede hacer que las personas se comporten de manera diferente a cómo lo harían en persona.

- 19.4.1. Evita el Exceso de Idealización

- Las interacciones digitales pueden crear una tendencia a idealizar a la otra persona. Sin las señales físicas y el contexto completo, es fácil caer en la trampa de sobrevalorar a alguien.

- **Consejo: Mantén una visión realista de la persona con la que interactúas. No te dejes llevar solo por las impresiones iniciales en línea, y recuerda que la comunicación digital no siempre refleja la realidad completa.**

- **19.4.2. El Riesgo de la Desconexión Real**

- **Si bien la seducción digital puede ser efectiva, no puede reemplazar las interacciones en persona. La falta de contacto físico y de la comunicación no verbal completa puede hacer que las relaciones digitales se queden en la superficie.**

- Consejo: Equilibra la interacción digital con encuentros cara a cara para construir una relación auténtica y duradera. No te limites solo a la seducción digital; las conexiones físicas también son esenciales para un vínculo sólido.

- Este capítulo te ha proporcionado herramientas y estrategias para seducir en el mundo digital, desde las redes sociales hasta las video llamadas. En el entorno digital, la clave es mantener la autenticidad, crear misterio y mantener una comunicación efectiva. Sin embargo, recuerda que las interacciones en línea deben complementar, no reemplazar, las conexiones en persona.

- Capítulo 20: La Seducción y el Arte de la Autodefinición

- La seducción no solo se basa en atraer a los demás, sino también en saber quién eres, cómo te defines y cómo te presentas al mundo. La autodefinición es el proceso de comprender y proyectar tu propia identidad con claridad, confianza y autenticidad. Este capítulo explorará cómo el arte de la autodefinición es clave para una seducción efectiva y cómo puedes cultivar una versión de ti mismo que no solo sea atractiva para los demás, sino que también te haga sentir pleno y en equilibrio contigo mismo.

- 20.1. La Autodefinición: ¿Quién Eres Realmente?

- La autodefinición comienza con un profundo conocimiento de uno mismo. Saber quién eres, cuáles son tus fortalezas, tus deseos y tus valores te permite proyectar una imagen auténtica y atractiva hacia los demás. La autodefinición es un proceso continuo que requiere reflexión, autoaceptación y la disposición de evolucionar.

- 20.1.1. La Importancia de la Autenticidad

- Para ser realmente seductor, debes ser fiel a ti mismo. La autenticidad es atractiva porque las personas pueden sentir cuando alguien está siendo genuino. Si tratas de ser alguien que no eres, eventualmente se percibirá la falta de coherencia entre lo que proyectas y lo que realmente eres.

- Consejo: Tómate el tiempo para reflexionar sobre tus valores, intereses y lo que realmente te hace sentir bien contigo mismo. A medida que más te conozcas y aceptes, más fácil será mostrarle al mundo tu verdadera esencia.

- 20.1.2. Definir tus Metas y Propósitos

- Tener una visión clara de tus metas y propósitos en la vida es esencial para autodefinirte. Las personas que tienen un propósito definido suelen ser más atractivas, ya que su confianza proviene de la seguridad en su camino.

- **Consejo: Tómate el tiempo para definir lo que realmente deseas en la vida. Haz una lista de tus objetivos a corto y largo plazo, y enfócate en alcanzarlos con determinación. Las personas se sienten atraídas por aquellos que están en busca de algo más grande que ellos mismos.**

- **20.2. La Confianza como Pilar de la Seducción**

- **La confianza es un componente esencial de la autodefinición y, a su vez, de la seducción. La confianza no solo se refiere a sentirte seguro en tus habilidades, sino también a aceptar tus imperfecciones y ser cómodo con quien eres. Cuando proyectas confianza, las personas naturalmente se sienten atraídas por ti.**

- **20.2.1. La Confianza No Se Trata de Perfección**

- **La confianza no es sinónimo de ser perfecto. De hecho, la verdadera confianza proviene de aceptar tus defectos y vulnerabilidades. La seducción efectiva no está en mostrar una imagen idealizada, sino en ser capaz de ser vulnerable y auténtico.**

- **Consejo: En lugar de intentar ocultar tus inseguridades, aprende a abrazarlas. La imperfección es lo que te hace único, y cuando dejas de preocuparte por ser perfecto, tu confianza se vuelve más genuina y atractiva.**

- **20.2.2. Proyecta Confianza a Través de la Postura y el Lenguaje Corporal**

- La forma en que te presentas físicamente también afecta la forma en que los demás perciben tu confianza. Una postura erguida, una mirada firme y un lenguaje corporal abierto proyectan seguridad.

- Consejo: Mantén una postura recta, camina con seguridad y mira a las personas a los ojos cuando hables. Estos pequeños gestos pueden transformar la forma en que los demás te perciben y aumentar tu atractivo.

- 20.3. La Seducción a Través del Autocuidado

- El autocuidado no solo se refiere a la apariencia física, sino también a cuidar tu bienestar emocional y mental. Cuando te ocupas de tu cuerpo y mente, transmites un mensaje claro: te valoras y te respetas, lo cual es sumamente seductor.

- 20.3.1. El Cuidado Físico y su Impacto en la Seducción

- El autocuidado físico es una forma de seducción en sí misma. Mantenerse en forma, vestirse de manera que te haga sentir bien y cuidar de tu higiene personal son formas en las que proyectas atractivo y cuidado hacia ti mismo.

- Consejo: Encuentra una rutina de ejercicio que disfrutes y que te haga sentir bien. Usa ropa que te haga sentir cómodo y seguro, y asegúrate de que tu higiene personal esté siempre al día.

- **20.3.2. El Autocuidado Emocional y Mental**

- **Además del cuidado físico, es fundamental que cuides tu salud emocional y mental. La autocompasión, la meditación, el tiempo para ti mismo y la práctica de la gratitud son aspectos clave para mantener un equilibrio emocional.**

- **Consejo: Dedica tiempo a reflexionar sobre tus emociones, a meditar y a practicar actividades que te ayuden a estar mentalmente equilibrado. Una persona que se siente emocionalmente bien consigo misma es naturalmente atractiva y capaz de atraer a los demás.**

- **20.4. La Seducción a Través de la Autoaceptación**

- **La autoaceptación es el proceso de aceptar y abrazar todos los aspectos de ti mismo, tanto los positivos como los negativos. Cuando eres capaz de aceptar tus debilidades y fortalezas, proyectas una energía de confianza que atrae a los demás.**

- **20.4.1. Aceptar tus Defectos como Parte de tu Encanto**

- **Aceptar tus defectos no solo te hace más atractivo, sino que también te permite ser más libre y relajado. Las personas que se aceptan a sí mismas y no temen mostrar sus vulnerabilidades son increíblemente seductoras porque crean una atmósfera de comodidad y autenticidad.**

- Consejo: Si tienes inseguridades o defectos, acepta que forman parte de ti y de tu historia. No los escondas, sino que aprende a verlos como lo que te hace único y especial. La gente siente una gran atracción por aquellos que son capaces de aceptar y amar todo lo que son.

- 20.4.2. La Autoaceptación y la Seducción Emocional

- La seducción emocional se produce cuando eres capaz de conectar profundamente con otra persona a nivel emocional. Esto solo es posible cuando eres capaz de aceptar y entender tus propias emociones.

- **Consejo: Practica la autoaceptación al permitirte sentir tus emociones sin juzgarte. Cuanto más en contacto estés contigo mismo, más fácil será conectar emocionalmente con los demás.**

- **20.5. La Seducción a Través de la Autodefinición en las Relaciones**

- **La autodefinición no solo se aplica a cómo te percibes a ti mismo, sino también a cómo te relacionas con los demás. En las relaciones, saber lo que quieres y lo que esperas es fundamental para una conexión auténtica y saludable.**

- **20.5.1. Ser Claro en tus Expectativas**

- Cuando estás bien definido como persona, sabes lo que quieres en una relación. Esto te permite ser claro y directo con las personas con las que interactúas, lo que facilita las conexiones genuinas.

- Consejo: Establece lo que deseas en una relación y sé honesto contigo mismo y con los demás acerca de tus expectativas. La claridad es seductora porque demuestra que sabes lo que quieres y no tienes miedo de ir a por ello.

- 20.5.2. La Seducción de la Autenticidad en las Relaciones

- En una relación, la autenticidad se convierte en una forma poderosa de seducción. Cuando eres fiel a ti mismo, las personas tienden a sentirse atraídas por tu honestidad y tu capacidad para ser genuino.

- **Consejo: Mantén tu autenticidad en las relaciones. No cambies para complacer a los demás, sino que permite que las personas te aprecien por lo que eres realmente. La verdadera seducción proviene de ser tú mismo sin temor a ser rechazado.**

- **Este capítulo te ha proporcionado herramientas para mejorar tu autodefinición, lo que a su vez potenciará tus habilidades de seducción. La clave está en la autenticidad, la confianza y la autoaceptación. Cuando te defines a ti mismo con claridad y vives de acuerdo con esa definición, tu atractivo se incrementa de manera natural.**

- **Capítulo 21: La Seducción a Través de la Persuasión**

- La persuasión es una de las herramientas más poderosas en la seducción. No se trata de manipular a otros, sino de saber cómo comunicarte de manera efectiva para influir en las decisiones y emociones de las personas. En este capítulo, exploraremos cómo utilizar los principios de la persuasión para aumentar tu atractivo y lograr una conexión más profunda y significativa con los demás.

- 21.1. La Persuasión: Qué es y Cómo Funciona

- La persuasión es el arte de influir en las personas de manera sutil pero efectiva. En el contexto de la seducción, persuasión no significa forzar a alguien a hacer algo que no quiere hacer, sino más bien guiar suavemente a esa persona a una conclusión o acción que sea beneficiosa para ambos. La persuasión efectiva se basa en la comprensión de la psicología humana, la comunicación efectiva y la capacidad de conectar emocionalmente con los demás.

- 21.1.1. La Psicología de la Persuasión

- La persuasión se basa en entender cómo piensan las personas, qué les motiva y cómo toman decisiones. Todos somos influenciables, pero nuestras decisiones están fuertemente condicionadas por emociones, creencias previas y el contexto.

- Consejo: Aprende a leer las señales emocionales de la otra persona. Si comprendes lo que les motiva y lo que valoran, podrás utilizar esa información para guiar tus interacciones de manera más efectiva.

- 21.1.2. Persuasión vs. Manipulación

- La diferencia entre persuasión y manipulación radica en la intención. La persuasión busca un beneficio mutuo, mientras que la manipulación busca únicamente el beneficio de una parte, a menudo a expensas de la otra.

- Consejo: Practica la persuasión de manera ética. Asegúrate de que ambas partes estén en sintonía y que lo que estás buscando también sea lo que la otra persona desea. La persuasión genuina es siempre transparente y respetuosa.

- 21.2. Técnicas de Persuasión en la Seducción

- Existen varias técnicas que puedes usar para persuadir a alguien de manera efectiva. Estas técnicas se basan en principios psicológicos que han sido estudiados y comprobados en diversas investigaciones sobre la influencia social. En el contexto de la seducción, estas técnicas pueden ayudarte a construir una conexión más profunda y crear un ambiente de atracción mutua.

- **21.2.1. La Regla de la Reciprocidad**

- **La reciprocidad es un principio poderoso de la persuasión. Este principio establece que cuando haces algo por alguien, esa persona se siente impulsada a hacer algo a cambio.**

- **Consejo: En la seducción, pequeños gestos de amabilidad o atención pueden generar una respuesta positiva. Ofrece algo genuino, como un cumplido, una sonrisa o un pequeño favor, y la otra persona se sentirá motivada a responder de manera similar.**

- **21.2.2. El Principio de la Escasez**

- La escasez se refiere a la idea de que las personas valoran más lo que perciben como limitado o difícil de obtener. Cuando algo parece escaso o exclusivo, su atractivo aumenta.

- Consejo: En las interacciones seductoras, no reveles todo de inmediato. Mantén cierto misterio y reserva para crear una sensación de exclusividad. Si una persona siente que tienes algo único o limitado para ofrecer, su interés crecerá naturalmente.

- 21.2.3. El Poder de la Aprobación Social

- Las personas tienden a seguir las acciones de los demás, especialmente cuando se sienten inseguras sobre lo que deberían hacer. Este principio, conocido como aprobación social, se basa en la idea de que si muchas personas están haciendo algo, es probable que esa acción sea la correcta.

- Consejo: Si deseas atraer a alguien, demuéstrale que otras personas ya valoran o aprecian lo que haces. Esto no solo aumenta tu atractivo, sino que también refuerza la percepción de que eres alguien digno de admiración.

- 21.3. El Arte de la Comunicación Persuasiva

- La forma en que comunicas tus pensamientos y deseos tiene un gran impacto en la persuasión. La comunicación persuasiva implica saber cómo elegir las palabras correctas, cómo estructurar un mensaje y cómo hacerlo de una manera que impacte emocionalmente a la otra persona.

- 21.3.1. La Importancia de las Palabras

- Las palabras tienen un poder increíble en la seducción. Las palabras que eliges pueden elevar la emoción, crear conexión o generar atracción. Las palabras correctas transmiten seguridad, confianza y deseo de una manera que es difícil de ignorar.

- Consejo: Aprende a usar un lenguaje que resuene con la otra persona. Usa palabras que hagan que se sientan especiales y valorados. Evita las frases vagas o genéricas; en su lugar, utiliza un lenguaje específico que demuestre que realmente entiendes sus necesidades y deseos.

- 21.3.2. El Lenguaje No Verbal y la Persuasión

- Aunque las palabras son poderosas, el lenguaje no verbal también juega un papel crucial en la persuasión. Las expresiones faciales, el tono de voz, la postura y los gestos pueden influir en la forma en que el mensaje es recibido.

- Consejo: Asegúrate de que tu lenguaje corporal esté alineado con tus palabras. Mantén el contacto visual, sonríe genuinamente y usa gestos abiertos que transmitan confianza y calidez.

- 21.3.3. La Persuasión a Través del Toque

- El contacto físico puede ser un medio de persuasión poderoso cuando se usa de manera adecuada. Un toque ligero en el brazo o en la mano puede crear una conexión emocional, generar atracción y hacer que la otra persona se sienta especial.

- **Consejo: Sé consciente de las señales no verbales de la otra persona antes de iniciar el contacto físico. Un toque suave y respetuoso puede aumentar la atracción, pero siempre asegúrate de que la otra persona se sienta cómoda.**

- **21.4. Persuasión Emocional: Conectar a Nivel Profundo**

- **Para ser realmente persuasivo en la seducción, es crucial conectar con las emociones de la otra persona. La persuasión emocional implica comprender los deseos, miedos y aspiraciones de la otra persona y dirigirse a esas emociones de manera empática y respetuosa.**

- **21.4.1. Escuchar Activamente**

- La escucha activa es una de las habilidades más poderosas en la persuasión. Al prestar atención completa a lo que la otra persona está diciendo, puedes captar sus emociones y deseos más profundos, lo que te permite comunicarte de manera más efectiva y persuasiva.

- Consejo: Haz preguntas abiertas y escucha atentamente las respuestas. Demuestra que te importa lo que la otra persona está sintiendo y piensa. La empatía es esencial para persuadir emocionalmente.

- 21.4.2. Apelar a los Sentimientos y Valores

- La seducción persuasiva es más efectiva cuando se conecta con los sentimientos y valores fundamentales de la otra persona. Al comprender lo que es importante para ellos, puedes presentar tus deseos de una manera que resuene emocionalmente.

- Consejo: Identifica lo que la otra persona valora más, ya sea la familia, la aventura, la seguridad o la libertad, y utiliza esos valores como base para construir tu conexión emocional.

- **21.5. La Persuasión en la Construcción de una Relación Duradera**

- La persuasión no se limita a los primeros encuentros. En una relación duradera, la persuasión continúa desempeñando un papel importante en el mantenimiento de la atracción y el fortalecimiento del vínculo.

- 21.5.1. La Persuasión Continua en la Relación

- A medida que avanzas en una relación, la persuasión sigue siendo una herramienta valiosa para mantener la conexión emocional y la atracción. Los pequeños gestos de afecto, el apoyo emocional y el reconocimiento constante pueden mantener la relación fresca y vibrante.

- **Consejo: Continúa demostrando tu aprecio por la otra persona a través de palabras y acciones. Mantén viva la chispa de la relación mostrando empatía y dedicación en cada interacción.**

- **21.5.2. Persuadir para el Crecimiento Mutuo**

- **La seducción no debe limitarse a la atracción física o emocional; debe estar enfocada también en el crecimiento mutuo. Una relación persuasiva es aquella en la que ambas partes se apoyan y se motivan a ser mejores versiones de sí mismas.**

- Consejo: Fomenta el crecimiento y la evolución dentro de la relación. Ayuda a la otra persona a alcanzar sus metas, y haz lo mismo con las tuyas. Esto crea una conexión más profunda y una atracción que va más allá de lo superficial.

- Este capítulo ha explorado el poder de la persuasión en la seducción. Utilizando técnicas basadas en principios psicológicos y la comunicación efectiva, puedes atraer a los demás y construir relaciones significativas. La persuasión no es solo una herramienta para atraer, sino una habilidad para fortalecer la conexión emocional y fomentar el crecimiento mutuo en las relaciones.

- **Capítulo 22: La Seducción a Través de la Vulnerabilidad**

- **La vulnerabilidad es un aspecto fundamental en la seducción auténtica. Aunque muchas veces asociamos la vulnerabilidad con debilidad, en realidad, es una fuente poderosa de atracción. Ser vulnerable significa abrirse, mostrar tus verdaderos sentimientos, tus inseguridades y tus emociones, y permitir que los demás te vean como realmente eres. Este capítulo explorará cómo la vulnerabilidad puede convertirse en una de las herramientas más efectivas para crear una conexión profunda y genuina con los demás.**

- **22.1. La Vulnerabilidad: Un Camino Hacia la Conexión Profunda**

- La vulnerabilidad, a pesar de ser un concepto a menudo malinterpretado, tiene un enorme poder en las relaciones humanas. Mostrarte tal como eres, con tus miedos, tus imperfecciones y tus deseos, genera una conexión emocional genuina. Las personas tienden a sentirse atraídas por aquellos que son auténticos y no temen mostrar su humanidad. La vulnerabilidad crea un espacio seguro para la empatía, la confianza y la apertura mutua.

- 22.1.1. La Fuerza de Ser Vulnerable

- La vulnerabilidad no es sinónimo de debilidad. En lugar de eso, muestra una gran fortaleza emocional, ya que te permite ser honesto y abierto con los demás. Las personas respetan y sienten una profunda admiración por aquellos que tienen el coraje de ser ellos mismos, incluso en sus momentos de incertidumbre o inseguridad.

- Consejo: No tengas miedo de compartir partes de ti que normalmente mantendrías ocultas. Ya sea un temor, una inseguridad o un deseo profundo, compartirlo de manera auténtica crea una conexión más poderosa con quienes te rodean.

- 22.1.2. La Vulnerabilidad en las Primeras Interacciones

- En las primeras etapas de una relación, muchas personas tienden a ocultar sus vulnerabilidades por miedo al rechazo. Sin embargo, mostrar un pequeño nivel de vulnerabilidad desde el inicio puede abrir las puertas a una relación más auténtica y sincera.

- Consejo: Al interactuar con alguien por primera vez, no temas compartir una parte de ti que te haga parecer humano y accesible. Puede ser tan simple como expresar un pequeño temor o hablar sobre algo que te emociona profundamente.

- 22.2. La Vulnerabilidad Como Herramienta de Atracción

- La vulnerabilidad es un puente que conecta a las personas a un nivel emocional profundo. En lugar de alejar a los demás, mostrar vulnerabilidad puede acercarlos y hacer que se sientan más atraídos por ti. Esta atracción no se basa únicamente en lo físico o superficial, sino en una conexión genuina que va más allá de lo visual o lo inmediato.

- 22.2.1. La Atractividad de la Autenticidad

- Cuando eres vulnerable, muestras una faceta de ti mismo que es auténtica y genuina. Las personas se sienten atraídas por la autenticidad, ya que es algo que rara vez se encuentra en un mundo lleno de máscaras y falsas apariencias.

- Consejo: Evita las actitudes de "yo tengo todo bajo control" y permite que los demás vean las facetas más humanas de ti. La vulnerabilidad te permite ser más accesible y menos intimidante, lo que genera mayor interés.

- 22.2.2. La Vulnerabilidad y el Misterio

- Aunque la vulnerabilidad implica ser abierto, también puede añadir una capa de misterio. Al no revelar todo sobre ti de inmediato, las personas pueden sentirse más intrigadas y motivadas a conocer más de ti.

- **Consejo: No sientas la necesidad de compartirlo todo a la vez. Mostrar vulnerabilidad de manera gradual crea un equilibrio perfecto entre ser auténtico y mantener un aire de misterio que sigue atrayendo.**

- **22.3. Cómo Manejar la Vulnerabilidad en las Relaciones**

- La vulnerabilidad en las relaciones no solo se trata de mostrar debilidades o inseguridades, sino también de saber cuándo y cómo compartirlas. En una relación saludable, la vulnerabilidad se convierte en un componente de confianza y apoyo mutuo. Sin embargo, es importante ser consciente de los momentos adecuados para ser vulnerable y cómo hacerlo de una manera que promueva una conexión profunda y positiva.

- 22.3.1. Crear un Espacio Seguro para la Vulnerabilidad

- Ser vulnerable requiere de un entorno de confianza. Es esencial que las personas con las que interactúas te proporcionen un espacio donde te sientas seguro para abrirte y compartir tus pensamientos más profundos.

- Consejo: Antes de mostrar vulnerabilidad, asegúrate de que la otra persona esté abierta a la conexión emocional. En las relaciones, esto suele ser un proceso gradual. La reciprocidad es clave: si alguien comparte algo vulnerable contigo, responde de la misma manera para fomentar la apertura mutua.

- 22.3.2. La Vulnerabilidad y la Empatía

- La vulnerabilidad también implica la capacidad de escuchar y comprender las vulnerabilidades de los demás. Cuanto más dispuesto estés a aceptar y comprender las inseguridades de la otra persona, más fuerte será la conexión emocional.

- **Consejo: Practica la empatía activa. Cuando alguien se abre a ti, demuestra que comprendes su experiencia y valida sus sentimientos. Este tipo de apoyo emocional fortalece las relaciones y atrae a las personas hacia ti.**

- **22.4. La Vulnerabilidad en el Contexto de la Seducción Emocional**

- La seducción emocional va más allá de lo físico. Se trata de conectar con los sentimientos, deseos y necesidades más profundas de la otra persona. La vulnerabilidad, cuando se utiliza de manera apropiada, puede ser una de las formas más efectivas de seducción emocional. En lugar de recurrir a juegos o manipulaciones, la vulnerabilidad establece una relación basada en el respeto y la confianza.

- 22.4.1. Seducir a Través de la Vulnerabilidad Emocional

- Mostrar tus emociones de manera honesta y abierta puede ser sumamente seductor. Al ser vulnerable, demuestras tu capacidad para conectarte profundamente con tus propios sentimientos, lo que genera una atracción emocional genuina.

- **Consejo: En lugar de intentar impresionar a los demás con una fachada de fortaleza, permite que se vean tus emociones genuinas. Esto crea un espacio donde la otra persona puede sentirse cómoda al compartir sus propios sentimientos.**

- **22.4.2. La Vulnerabilidad y la Conexión Profunda**

- **La seducción emocional que proviene de la vulnerabilidad se caracteriza por una conexión más profunda y significativa. Las personas que son capaces de mostrar su vulnerabilidad emocional no solo se sienten más cercanas entre sí, sino que también crean un vínculo que va más allá de la atracción superficial.**

- **Consejo: No tengas miedo de compartir tus sentimientos más profundos, incluso si no estás seguro de la respuesta que recibirás. La autenticidad emocional es atractiva, y lo que estás buscando es una conexión genuina.**

- **22.5. Superando el Miedo al Rechazo y Abrazando la Vulnerabilidad**

- **El miedo al rechazo es uno de los mayores obstáculos para ser vulnerable. Sin embargo, este miedo puede ser superado cuando comprendes que la vulnerabilidad no garantiza el rechazo, sino que abre la puerta a una conexión más profunda y significativa.**

- **22.5.1. Aceptando el Rechazo como Parte del Proceso**

- **Todos enfrentamos el rechazo en algún momento, y la vulnerabilidad no lo evita. Sin embargo, cada vez que te abres a los demás, aprendes más sobre ti mismo y sobre lo que realmente deseas en una relación. El rechazo, aunque doloroso, puede ser una oportunidad para crecer y evolucionar.**

- **Consejo: Acepta el rechazo como una parte natural de la vida. No dejes que te defina ni te impida seguir siendo vulnerable. Cada vez que te atreves a mostrarte tal como eres, das un paso hacia una conexión más verdadera y significativa.**

- **22.5.2. La Vulnerabilidad como Camino hacia la Libertad Emocional**

- Ser vulnerable también te permite liberarte de las expectativas y presiones externas. Al dejar de intentar cumplir con los estándares de los demás y simplemente ser tú mismo, experimentas una liberación emocional que te permite ser más feliz y auténtico.

- Consejo: La verdadera libertad emocional viene de permitirte ser vulnerable. No tengas miedo de mostrar quién eres realmente, incluso si eso significa ser imperfecto o no cumplir con las expectativas de los demás.

- Este capítulo ha demostrado cómo la vulnerabilidad no solo puede ser una herramienta poderosa en la seducción, sino también una forma de construir relaciones más auténticas y significativas. Ser vulnerable te permite crear una conexión emocional profunda, atraer a los demás de manera genuina y, lo más importante, ser fiel a ti mismo.

- Capítulo 23: La Seducción a Través del Humor

- El humor es una de las herramientas más poderosas en la seducción. No solo hace que las personas se sientan cómodas a tu alrededor, sino que también crea una atmósfera relajada y atractiva. El humor tiene la capacidad de romper barreras emocionales, suavizar tensiones y fomentar una conexión más genuina. Este capítulo explorará cómo el humor puede ser una herramienta clave en la seducción, ayudándote a atraer y conectar con los demás de manera auténtica y efectiva.

- 23.1. El Poder del Humor en la Seducción

- El humor no solo es una forma de entretenimiento, sino una poderosa herramienta de conexión emocional. Cuando usas el humor de manera efectiva, no solo haces reír a los demás, sino que también te vuelves más accesible, atractivo y simpático. El humor puede ayudarte a suavizar la primera impresión, reducir las tensiones y mostrar tu verdadera personalidad.

- 23.1.1. La Atracción a Través de la Alegría

- Las personas se sienten atraídas por aquellos que pueden hacerlas reír y disfrutar del momento. El humor crea un vínculo emocional instantáneo, pues todos buscan compañía que les haga sentir bien.

- Consejo: No tengas miedo de ser tú mismo y mostrar tu sentido del humor. La autenticidad en el humor es clave para que los demás te vean como alguien genuino y accesible.

- 23.1.2. El Humor y la Relajación

- Cuando alguien te hace reír, te sientes más relajado y a gusto, lo cual es esencial en cualquier proceso de seducción. El humor tiene la capacidad de reducir la ansiedad, especialmente en situaciones de incertidumbre o cuando te enfrentas a una interacción nueva.

- Consejo: Utiliza el humor para aliviar tensiones en los primeros encuentros. Un chiste suave o una observación divertida puede hacer que la otra persona se relaje y se sienta más abierta.

- **23.2. Cómo Usar el Humor de Manera Atractiva**

- **No todo tipo de humor es apropiado o atractivo en una situación de seducción. El humor inteligente, sutil y bien aplicado es mucho más efectivo que los chistes vulgares o forzados. En este sentido, el tipo de humor que elijas usar juega un papel crucial en cómo los demás te perciben.**

- **23.2.1. El Humor Inteligente y Sutil**

- **El humor inteligente puede ser una de las formas más efectivas de atraer a alguien. Las personas se sienten atraídas por aquellos que pueden hacerlas pensar, reír y sentirse inteligentes al mismo tiempo.**

- Consejo: No subestimes el poder de un buen comentario ingenioso o una referencia divertida. Evita los chistes obvios o demasiado simples, y opta por algo más sutil que demuestre tu inteligencia y creatividad.

- 23.2.2. La Autocrítica Divertida

- Una forma de usar el humor de manera atractiva es a través de la autocrítica. Cuando eres capaz de reírte de ti mismo de una manera amable y divertida, demuestras que no eres arrogante ni demasiado serio. Esto hace que las personas se sientan más cómodas a tu alrededor.

- Consejo: Hacer una broma sobre tus propias fallas o errores pasados puede hacerte más relatable. Sin embargo, ten cuidado de no ser excesivamente autocrítico, ya que esto podría transmitir inseguridad.

- 23.3. El Humor como Medio de Conexión Emocional

- El humor compartido puede ser un fuerte indicio de compatibilidad. Cuando compartes una broma o un momento gracioso con otra persona, estás creando una conexión emocional que va más allá de la atracción física. El humor en común puede ser el comienzo de una relación más profunda y genuina.

- 23.3.1. La Comedia Compartida

- Cuando tú y otra persona se ríen juntos, están compartiendo un momento de conexión genuina. Este tipo de conexión es mucho más poderosa que simplemente hacer que alguien se ría, ya que demuestra que tienes una química y un entendimiento mutuos.

- Consejo: Aprovecha las situaciones cotidianas para compartir momentos divertidos y bromas. Los chistes internos o las referencias cómicas compartidas pueden ser una forma excelente de fortalecer un vínculo emocional.

- 23.3.2. La Vulnerabilidad y el Humor

- **El humor también puede ser una forma de mostrar tu vulnerabilidad. Cuando te ríes de tus propios defectos o imperfecciones, permites que los demás vean tu lado humano. Esta vulnerabilidad, combinada con el humor, te hace más atractivo y accesible.**

- **Consejo: Asegúrate de que el humor no sea una herramienta para ocultar tus inseguridades. Más bien, utilízalo para mostrarte como alguien seguro que sabe reírse de sí mismo sin miedo al juicio.**

- **23.4. El Momento Adecuado para Usar el Humor**

- Usar el humor en el momento adecuado es clave. El timing es todo cuando se trata de seducir con humor. Un chiste o comentario gracioso bien ubicado puede ser muy efectivo, pero hacer bromas en el momento incorrecto puede hacer que pierdas la conexión o incluso la atracción.

- 23.4.1. La Paciencia en la Seducción

- En la seducción, el humor no debe ser forzado. Las personas suelen detectar cuando alguien intenta hacerlas reír a toda costa. La clave está en dejar que el humor fluya de forma natural.

- Consejo: No sobrecargues a la otra persona con bromas constantes. En lugar de eso, deja que el humor surja de las conversaciones y situaciones cotidianas.

- **23.4.2. Saber Cuándo Dejar de Bromear**

- **Si bien el humor puede ser una excelente forma de atraer a alguien, es importante saber cuándo tomarse en serio. Una vez que hayas creado una atmósfera relajada y atractiva con el humor, es el momento de mostrar tu verdadera personalidad y compartir temas más profundos.**

- **Consejo: Si bien las bromas y los chistes ayudan a establecer una conexión, es importante también mostrar interés en la otra persona de manera más seria en momentos clave. El equilibrio es esencial para que el humor no opaque la autenticidad de la relación.**

- **23.5. Evitando Errores Comunes al Usar el Humor**

- **Si bien el humor puede ser una herramienta poderosa, es importante usarlo con cuidado para evitar malentendidos o situaciones incómodas. Hay ciertos errores que debes evitar si deseas utilizar el humor de manera atractiva en el contexto de la seducción.**

- **23.5.1. Evitar el Humor Ofensivo**

- **Los chistes que involucran estereotipos, insultos o temas sensibles pueden ser muy dañinos. Aunque el humor negro o irónico puede ser adecuado en algunos círculos, en el contexto de la seducción es importante ser respetuoso.**

- Consejo: Evita hacer chistes que puedan ofender o incomodar a la otra persona. El humor debe crear un ambiente positivo, no uno tenso o incómodo.

- 23.5.2. No Usar el Humor para Manipular

- A veces, las personas utilizan el humor para manipular las emociones de los demás, lo que puede ser contraproducente en una relación auténtica. La seducción debe basarse en una conexión genuina, no en trucos o manipulaciones.

- Consejo: Utiliza el humor para crear una atmósfera ligera y divertida, no para manipular o ganar la aprobación de la otra persona. La autenticidad es clave.

- Este capítulo ha mostrado cómo el humor puede ser una herramienta sumamente efectiva en la seducción, creando una conexión emocional y una atmósfera relajada. Cuando se utiliza de manera inteligente y auténtica, el humor tiene el poder de atraer a las personas y hacer que se sientan cómodas y conectadas contigo.

- Capítulo 24: La Seducción a Través del Lenguaje Corporal

- El lenguaje corporal es una de las herramientas más poderosas y efectivas en el arte de la seducción. A menudo, lo que no se dice verbalmente tiene más impacto que las palabras mismas. El lenguaje corporal transmite emociones, intenciones y deseos, y tiene la capacidad de crear una conexión inmediata sin necesidad de palabras. Este capítulo explora cómo usar el lenguaje corporal de manera sutil pero efectiva para atraer, cautivar y conectar profundamente con los demás.

- 24.1. La Importancia del Lenguaje Corporal en la Seducción

- El lenguaje corporal es una forma de comunicación no verbal que influye poderosamente en la forma en que los demás nos perciben. A través de gestos, posturas, miradas y movimientos, podemos transmitir confianza, interés y atracción. El cuerpo habla por nosotros, y es importante aprender a leer las señales que enviamos y las que recibimos de los demás.

- 24.1.1. La Fuerza de una Primera Impresión

- La primera impresión se forma en cuestión de segundos, y gran parte de esa impresión se basa en el lenguaje corporal. Un apretón de manos firme, una postura abierta y una sonrisa genuina pueden establecer una conexión instantánea.

- Consejo: Presta atención a tu postura y tu expresión facial cuando entras en una habitación o cuando conoces a alguien por primera vez. Estas señales iniciales pueden marcar la diferencia entre una interacción exitosa y una que no va a ninguna parte.

- 24.1.2. El Lenguaje Corporal como Reflejo de la Confianza

- La confianza se refleja en cada movimiento que haces. Una persona que se siente segura de sí misma proyectará una postura erguida, un contacto visual firme y gestos relajados. Estos detalles no solo aumentan tu atractivo, sino que también envían señales de que eres una persona con la que es fácil relacionarse.

- Consejo: Si deseas atraer a alguien, trabaja en tu postura. Mantén los hombros hacia atrás, la cabeza alta y evita cruzar los brazos, ya que esta postura puede transmitir inseguridad.

- 24.2. Los Gestos que Atraen

- Los gestos juegan un papel crucial en la seducción, ya que son una forma directa de expresar tus sentimientos e intenciones sin necesidad de palabras. Los movimientos sutiles, como la forma en que tocas tu cabello o la manera en que gesticulas mientras hablas, pueden ser extremadamente atractivos y pueden despertar el interés de la otra persona.

- 24.2.1. El Poder de la Sonrisa

- La sonrisa es uno de los gestos más universales en la seducción. Una sonrisa genuina no solo transmite amabilidad y simpatía, sino también apertura y deseo de conexión. Las personas se sienten naturalmente atraídas por quienes muestran una sonrisa sincera.

- Consejo: No sobrecargues tus sonrisas, pero asegúrate de que sean naturales. Si sonríes de forma auténtica, tu rostro se iluminará, lo que hará que las personas se sientan cómodas y atraídas hacia ti.

- 24.2.2. El Contacto Visual

- El contacto visual es uno de los aspectos más poderosos del lenguaje corporal. Mantener la mirada durante las conversaciones demuestra interés, mientras que desviar la vista constantemente puede transmitir desinterés o inseguridad.

- Consejo: El contacto visual no debe ser demasiado intenso ni intimidante, pero mantener una mirada directa y cálida crea una conexión emocional más profunda. Alternar entre miradas y pequeños parpadeos también puede hacer que parezcas más atractivo y accesible.

- 24.2.3. Los Gestos Sutiles de Atracción

- Gestos como tocarse el cabello, acariciar suavemente el cuello o rozar el borde de una prenda pueden ser señales claras de atracción. Estos gestos son subconscientes, pero pueden ser percibidos como coquetos y pueden atraer la atención de manera sutil.

- Consejo: Usa estos gestos de forma sutil, sin forzarlos. El cuerpo tiene una manera natural de expresar lo que siente, y al dejar que los gestos ocurran de manera espontánea, tus señales de atracción se percibirán como genuinas.

- 24.3. La Postura y Su Impacto en la Seducción

- Tu postura habla mucho sobre cómo te percibes a ti mismo y cómo deseas que los demás te perciban. Una postura abierta y relajada no solo es atractiva, sino que también refleja tu disposición a establecer una conexión emocional.

- 24.3.1. Postura Abierta vs. Postura Cerrada

- Una postura abierta transmite confianza y accesibilidad, mientras que una postura cerrada puede hacer que las personas se sientan distantes o incómodas. Cuando estás en una conversación, es crucial que tu cuerpo no se cruce ni te encorves, ya que estos gestos subconscientes pueden hacerte parecer inaccesible o desinteresado.

- Consejo: Mantén tus brazos relajados a los lados, tus piernas sin cruzar y tu torso ligeramente hacia la persona con la que estás conversando. Esto crea una sensación de apertura y disposición a conectarte.

- 24.3.2. La Proximidad y el Espacio Personal

- La proximidad en el lenguaje corporal también juega un papel importante en la seducción. Invadir el espacio personal de otra persona puede ser incómodo, pero acercarse de manera adecuada puede aumentar la sensación de intimidad.

- Consejo: Lee las señales de la otra persona. Si parecen relajarse o acercarse, puedes reducir gradualmente la distancia entre ambos. Sin embargo, asegúrate de no invadir su espacio personal sin su consentimiento.

- 24.4. Leer el Lenguaje Corporal de los Demás

- La seducción no solo se trata de cómo te presentas, sino también de cómo interpretas las señales del otro. Ser capaz de leer el lenguaje corporal de las personas puede darte una ventaja significativa, ya que te permite ajustar tu enfoque según sus respuestas y sentimientos.

- 24.4.1. Los Señales de Interés

- Las personas que están interesadas en ti suelen mostrar señales como mantener el contacto visual, sonreír, inclinarse hacia ti y copiar tus gestos de manera inconsciente. Si notas estos signos, es probable que haya una atracción mutua.

- Consejo: Si percibes que la otra persona está abriendo su lenguaje corporal hacia ti, puedes responder de la misma manera para fortalecer la conexión. Cuanto más compartan sus señales de interés, más profunda será la atracción.

- 24.4.2. Las Señales de Desinterés

- Las señales de desinterés suelen ser más sutiles, como mirar hacia otro lado, cruzar los brazos, alejarse físicamente o tener una postura cerrada.

- **Consejo: Si notas estas señales, ajusta tu comportamiento para no ser intrusivo. Cambia el enfoque de la conversación o respeta el espacio personal de la otra persona. A veces, el simple hecho de dar espacio puede reavivar el interés.**

- **24.5. Usando el Lenguaje Corporal en el Contexto de la Seducción Romántica**

- **En una interacción romántica, el lenguaje corporal juega un papel clave para transmitir deseo, atracción y emoción. El arte de seducir va más allá de las palabras y se adentra en la danza silenciosa que el cuerpo puede realizar. Cada gesto y movimiento tiene el poder de atraer y conectar.**

- **24.5.1. La Importancia del Tacto**

- **El tacto es uno de los aspectos más poderosos en la seducción. Un ligero toque en el brazo, la espalda o la mano puede ser una señal de atracción, y muchas veces, las personas responden positivamente a estos gestos suaves.**

- **Consejo: No fuerces el contacto físico. Permite que el tacto ocurra de manera natural, durante una conversación o al hacer una broma. Un toque ligero puede expresar más de lo que las palabras pueden decir.**

- 24.5.2. La Seducción Silenciosa a Través del Lenguaje Corporal

- **A veces, la seducción silenciosa puede ser la más efectiva. El simple hecho de compartir un espacio, sin necesidad de palabras, puede crear una atmósfera de intimidad.**

- **Consejo: No tengas miedo de permitir que el silencio hable por ti. El lenguaje corporal, cuando se usa con intención, puede ser mucho más poderoso que cualquier conversación verbal.**

- **Este capítulo ha destacado cómo el lenguaje corporal es una herramienta esencial en la seducción, proporcionando señales de interés, atracción y conexión emocional. A través de gestos, posturas, contacto visual y proximidad, podemos atraer y conectar con los demás de una manera profunda y significativa.**

- **Capítulo 25: La Seducción a Través de la Confianza en Uno Mismo**

- La confianza en uno mismo es una de las cualidades más atractivas y poderosas cuando se trata de seducción. Las personas que se sienten seguras de sí mismas irradian una energía positiva que atrae a los demás de manera natural. La confianza no solo se trata de la forma en que te ves o te comportas, sino también de cómo te sientes contigo mismo. Este capítulo explorará cómo la confianza en uno mismo puede ser la clave para seducir, cautivar y generar una conexión genuina.

- 25.1. La Confianza como Pilar de la Seducción

- La confianza es una característica fundamental para crear una atracción genuina. Cuando te sientes seguro de quién eres, los demás también lo notan. La confianza es percibida como fuerza y estabilidad, dos cualidades que resultan muy atractivas en una pareja potencial. Sin embargo, la confianza no es algo con lo que se nace necesariamente, sino algo que se cultiva con el tiempo y la práctica.

- 25.1.1. La Confianza Irradiante

- Las personas con alta autoestima tienden a irradiar una energía que los hace irresistibles. Su actitud abierta, su sonrisa genuina y su presencia física atraen la atención de manera natural.

- Consejo: Trabaja en tu autoconocimiento y en mejorar tu relación contigo mismo. Cuanto más seguro te sientas de quién eres, más irradiarás esa energía positiva que atrae a los demás.

- 25.1.2. La Confianza Como Fuente de Atracción

- La confianza es magnética. La gente quiere estar cerca de aquellos que se sienten seguros de sí mismos, pues esto genera una sensación de estabilidad y seguridad en las interacciones.

- Consejo: No te subestimes ni te compares constantemente con los demás. Al valorarte a ti mismo y reconocer tu valía, los demás también lo harán.

- **25.2. Cómo Desarrollar la Confianza en Uno Mismo**

- **La confianza no es algo que se obtiene de la noche a la mañana; es una habilidad que se puede aprender y fortalecer con el tiempo. En este sentido, el desarrollo de la confianza pasa por trabajar en tu autoestima, tus habilidades sociales y tu actitud mental.**

- **25.2.1. La Autoaceptación Como Primer Paso**

- **La autoaceptación es esencial para desarrollar la confianza en uno mismo. Aceptar tus virtudes y defectos te permite ver tu valor de manera objetiva y equilibrada. Cuando te aceptas a ti mismo, no te preocupas por las opiniones externas ni por la validación de los demás.**

- **Consejo: Realiza un ejercicio diario de autoafirmaciones positivas. Reconoce tus logros y cualidades. La autoaceptación es clave para ser auténtico en las interacciones, lo cual aumenta tu atractivo.**

- **25.2.2. Desarrollar Habilidades Sociales**

- **Las personas seguras de sí mismas no temen a la interacción social, ya que saben cómo establecer una conexión genuina con los demás. Esto se debe a la práctica y al aprendizaje de habilidades sociales como la comunicación efectiva, la empatía y la escucha activa.**

- Consejo: Sal de tu zona de confort y practica interactuar con nuevas personas. Hazlo de manera relajada y sin expectativas. Cuanto más cómodo te sientas con las interacciones, más natural será tu confianza.

- 25.3. La Confianza No es Arrogancia

- Es importante entender que la confianza no debe confundirse con arrogancia. La arrogancia se basa en una imagen distorsionada de uno mismo, mientras que la confianza se basa en una autovaloración genuina y realista. Las personas arrogantes tienden a atraer rechazo, mientras que las personas confiadas generan respeto y admiración.

- 25.3.1. La Confianza Humilde

- La confianza humilde es la que permite a una persona reconocer sus fortalezas sin menospreciar a los demás. Es la capacidad de ser consciente de tus logros y cualidades, pero sin buscar imponerlos a los demás.

- Consejo: Mantén una actitud humilde, incluso cuando sepas que tienes algo que ofrecer. La confianza genuina nunca necesita ser validada a través de la comparación o la competencia con los demás.

- 25.3.2. Evitar la Necesidad de Validación Externa

- Una de las mayores barreras para desarrollar la confianza es depender constantemente de la validación externa. Las personas que buscan la aprobación de los demás tienen dificultades para desarrollar una confianza sólida, ya que su autoestima está ligada a factores externos.

- Consejo: Deja de buscar constantemente la aprobación de los demás. La verdadera confianza viene cuando dejas de depender de las opiniones ajenas y aprendes a validar tus propios logros y sentimientos.

- 25.4. El Impacto de la Confianza en la Seducción

- La confianza no solo afecta la forma en que te percibes a ti mismo, sino también la manera en que los demás te perciben. Una persona segura de sí misma es atractiva porque transmite estabilidad emocional, seguridad y autonomía. Estas cualidades generan una mayor atracción en el contexto de la seducción.

- 25.4.1. La Confianza como Atractivo Físico y Emocional

- La confianza emocional es aún más importante que la apariencia física en el contexto de la seducción. Las personas confiadas no solo se ven bien, sino que también tienen la capacidad de conectar emocionalmente con los demás de una manera profunda y auténtica.

- Consejo: Desarrollar la confianza emocional te permitirá comunicarte de manera más efectiva, conectar con los demás a nivel más profundo y, finalmente, atraer a las personas que buscan una relación genuina.

- 25.4.2. La Atracción Inmediata que Provoca la Confianza

- La atracción instantánea suele ser el resultado de una combinación de factores, pero la confianza es, sin duda, uno de los más importantes. Las personas seguras de sí mismas tienen la capacidad de cautivar la atención desde el primer momento, ya sea por su manera de moverse, su forma de hablar o su presencia.

- Consejo: Trabaja en tu postura, tu lenguaje corporal y tu presencia. La forma en que te comportas en una sala llena de gente puede ser más atractiva que cualquier palabra que digas.

- 25.5. Mantener la Confianza a lo Largo del Tiempo

- Una vez que hayas desarrollado confianza en ti mismo, es fundamental mantenerla y reforzarla continuamente. La confianza no es algo estático; es un proceso que se cultiva constantemente mediante el cuidado de ti mismo, la reflexión personal y el aprendizaje continuo.

- 25.5.1. La Autocuidado como Pilar de la Confianza

- El autocuidado es fundamental para mantener una buena autoestima y confianza. Esto implica cuidar de tu salud física y emocional, así como dedicar tiempo para tus propios intereses y pasiones.

- Consejo: Realiza actividades que te hagan sentir bien contigo mismo. Ya sea hacer ejercicio, practicar un hobby o simplemente pasar tiempo con las personas que te apoyan, el autocuidado refuerza la confianza a largo plazo.

- 25.5.2. La Confianza como Estilo de Vida

- La confianza no debe verse como un rasgo temporal, sino como un estilo de vida. Cada día, tienes la oportunidad de reforzar tu seguridad interior mediante tus pensamientos, tus acciones y las decisiones que tomes.

- Consejo: Haz de la confianza en ti mismo una prioridad diaria. Rodéate de personas que te inspiren, enfrenta tus miedos y sigue aprendiendo sobre ti mismo para seguir creciendo en confianza.

- Este capítulo ha mostrado cómo la confianza en uno mismo es esencial para la seducción, no solo por la forma en que te perciben los demás, sino también por la forma en que te conectas contigo mismo. La confianza te permite atraer a las personas de manera natural, generar una conexión emocional y mantener una relación genuina basada en la autovaloración.

- Capítulo 26: La Seducción a Través de la Conversación

- La conversación es una de las herramientas más poderosas en el arte de la seducción. Las palabras tienen la capacidad de crear conexiones, despertar emociones y construir una atracción profunda entre dos personas. Saber cómo llevar una conversación fluida y fascinante no solo puede atraer, sino también crear una atmósfera de intimidad y complicidad. Este capítulo explorará cómo la habilidad para conversar de manera efectiva puede ser un recurso clave en la seducción.

- 26.1. La Conversación Como Herramienta de Conexión Emocional

- La verdadera seducción no solo se basa en la atracción física, sino en la capacidad de conectar emocionalmente con otra persona. La conversación ofrece una oportunidad única para conocer los pensamientos, sentimientos y deseos de alguien más. Cuando te comunicas de forma auténtica y sincera, puedes crear un lazo profundo que va más allá de las apariencias superficiales.

- 26.1.1. La Importancia de Escuchar Activamente

- La escucha activa es fundamental para una conversación exitosa. Muchas veces, las personas se centran tanto en lo que van a decir a continuación que no prestan atención a lo que la otra persona está diciendo. Sin embargo, la clave de la seducción radica en la capacidad de escuchar con atención, mostrando interés genuino por lo que el otro está compartiendo.

- Consejo: Haz preguntas abiertas que inviten a la otra persona a compartir más sobre sí misma. Responde con interés, asintiendo, sonriendo o haciendo comentarios que muestren que estás verdaderamente presente en la conversación.

- 26.1.2. Crear Complicidad y Cercanía

- La complicidad en la conversación se construye a través de la empatía, la vulnerabilidad y la autenticidad. Cuando compartes algo personal o reflexivo, puedes hacer que la otra persona se sienta más conectada contigo. Este tipo de intercambio emocional genera una sensación de cercanía que fomenta la atracción.

- Consejo: No tengas miedo de ser auténtico y mostrar tu verdadero yo. Las conversaciones más seductoras no se basan en tácticas o estrategias, sino en la conexión genuina que se establece cuando dos personas se abren una a la otra.

- 26.2. El Poder de las Palabras en la Seducción

- Las palabras tienen un poder inmenso, y la forma en que nos expresamos puede crear una atracción instantánea. Elegir las palabras adecuadas, ser elocuente y saber cómo comunicarte de manera efectiva puede transformar una conversación común en una experiencia seductora.

- 26.2.1. La Elocuencia y la Confianza en las Palabras

- Hablar de manera clara y elocuente no solo transmite inteligencia, sino que también demuestra confianza. Las personas se sienten atraídas por quienes pueden expresarse de manera efectiva, ya que esto refleja seguridad y dominio de uno mismo.

- Consejo: Trabaja en tu vocabulario y en la forma en que te expresas. No se trata de usar palabras complicadas, sino de ser claro, directo y genuino en lo que dices. La elocuencia se basa en la sinceridad y la confianza, más que en la complejidad del lenguaje.

- 26.2.2. El Coqueteo a Través de las Palabras

- El coqueteo es una forma de seducción verbal que se utiliza para mostrar interés de manera divertida y juguetona. A través de las palabras, puedes establecer una atmósfera ligera y atractiva que capte la atención de la otra persona sin ser demasiado directo.

- **Consejo: Usa el humor y los comentarios sutiles para coquetear. Evita ser demasiado obvio o forzado; el coqueteo debe sentirse natural y espontáneo, como una danza en la que ambos participan sin presionarse.**

- **26.2.3. Los Cumplidos que Seducen**

- **Los cumplidos son una forma directa de atraer y seducir, pero es importante saber cuándo y cómo usarlos. Un cumplido sincero puede hacer que la otra persona se sienta apreciada y especial. Sin embargo, los cumplidos vacíos o excesivos pueden hacer que tu interés parezca superficial.**

- Consejo: Haz cumplidos que vayan más allá de la apariencia física. Elogia la personalidad, la inteligencia o las cualidades únicas de la persona. Esto demuestra que realmente aprecias su ser integral y no solo su aspecto exterior.

- 26.3. El Ritmo y el Flujo de la Conversación

- El ritmo de la conversación también juega un papel importante en la seducción. El intercambio verbal no debe ser monótono ni demasiado rápido; debe fluir de manera natural, creando una atmósfera en la que ambas personas se sientan cómodas y conectadas.

- 26.3.1. Pausas Estratégicas

- Las pausas estratégicas en la conversación pueden ser increíblemente seductoras. Cuando haces una pausa después de una frase importante, permites que tus palabras se asimilen y aumentas la tensión emocional en el aire. Las pausas también permiten que la otra persona reflexione antes de responder, lo que genera un mayor sentido de intimidad y atención.

- Consejo: No tengas miedo de hacer una pausa después de decir algo importante. Una pausa bien colocada puede hacer que tus palabras tengan un impacto mucho mayor.

- 26.3.2. El Ritmo de la Conversación

- El ritmo de la conversación es clave para mantener la atención y el interés de la otra persona. Un intercambio demasiado rápido puede sentirse agobiante, mientras que uno demasiado lento puede resultar aburrido. Encontrar un ritmo que permita una conversación fluida y emocionante es fundamental.

- Consejo: Ajusta el ritmo de la conversación según la respuesta de la otra persona. Si ves que se muestran interesados, puedes permitir que la conversación se alargue; si notan que están perdiendo el interés, cambia de tema o añade algo más intrigante.

- 26.4. La Conversación como Reflejo de la Personalidad

- La forma en que te comunicas refleja en gran medida quién eres y lo que valoras. Una conversación efectiva no solo es sobre lo que dices, sino también sobre lo que dejas entrever de tu personalidad.

- 26.4.1. La Autenticidad Como Elemento Seductor

- La autenticidad es una de las cualidades más atractivas cuando se trata de seducción. Las personas que son genuinas y no intentan impresionar con falsos discursos o posturas suelen generar una mayor atracción. La sinceridad y la honestidad son irresistibles, ya que crean una base de confianza desde el primer momento.

- Consejo: Sé tú mismo en la conversación. No trates de ser alguien que no eres solo para impresionar a la otra persona. La verdadera atracción nace cuando las personas pueden percibir tu autenticidad.

- 26.4.2. El Carácter y el Sentido del Humor

- El sentido del humor es una herramienta poderosa en la seducción. Las personas que saben cómo hacer reír a los demás tienen una ventaja en la creación de conexiones rápidas. Sin embargo, el humor debe ser apropiado para la situación y la personalidad de la otra persona.

- Consejo: Utiliza el humor de forma inteligente. Evita chistes ofensivos o demasiado arriesgados, y opta por comentarios ligeros que ayuden a relajar el ambiente y a hacer que la otra persona se sienta cómoda.

- 26.5. La Conversación en el Contexto Romántico

- En el contexto romántico, la conversación puede ser una de las formas más efectivas de crear atracción y profundidad emocional. Hablar sobre temas significativos y mostrar interés por la vida, los sueños y los deseos de la otra persona puede crear una conexión única y especial.

- 26.5.1. Los Temas que Conectan

- Hablar sobre temas como los valores, los deseos y las experiencias personales puede crear una conexión emocional muy fuerte. Las conversaciones profundas son una forma de generar un lazo genuino y duradero.

- Consejo: No te limites a temas superficiales. Pregunta sobre los intereses, pasiones y metas a largo plazo de la otra persona. Esto no solo demuestra que te importa, sino que también genera una sensación de intimidad y conexión.

- 26.5.2. La Seducción a Través del Misterio

- El misterio es una cualidad seductora en la conversación. No se trata de ocultar información o jugar a ser distante, sino de dejar entrever suficiente para que la otra persona quiera descubrir más sobre ti.

- Consejo: Mantén un poco de misterio en la conversación. No reveles todo sobre ti de inmediato. Deja que la otra persona tenga la oportunidad de explorar y descubrir tus pensamientos y sentimientos a lo largo del tiempo.

- Este capítulo ha destacado cómo la conversación es una herramienta crucial en la seducción. La forma en que hablamos, escuchamos y nos expresamos refleja nuestra personalidad, nuestra autenticidad y nuestra disposición para conectar con los demás. A través de la conversación, podemos crear lazos emocionales profundos y generar una atracción que va más allá de las palabras.

- Capítulo 27: La Seducción a Través de los Detalles

- La seducción no siempre se basa en grandes gestos o palabras elaboradas. A veces, los pequeños detalles son los que marcan la diferencia y crean un impacto duradero en la otra persona. Saber prestar atención a los gustos, necesidades y emociones del otro puede hacer que te perciban como alguien especial y genuino. En este capítulo, exploraremos cómo los detalles pueden potenciar la atracción y hacer que tu presencia sea inolvidable.

- 27.1. El Poder de los Pequeños Gestos

- Los pequeños gestos pueden tener un gran impacto en la percepción que alguien tiene de ti. Un comentario atento, un acto de amabilidad o incluso recordar un dato importante sobre la otra persona puede hacer que se sienta valorada y apreciada.

- 27.1.1. Recordar Detalles Personales

- Escuchar y recordar lo que la otra persona dice demuestra que te importa. No se trata solo de prestar atención, sino de almacenar la información y utilizarla en el momento adecuado.

- Ejemplo: Si la persona menciona que le encanta el café con canela, sorprenderla con uno en su próxima reunión puede generar una impresión positiva.

- Consejo: Toma nota mental (o física) de pequeños detalles que la otra persona menciona sobre sus gustos, intereses o experiencias personales.

- 27.1.2. Pequeñas Sorpresas Significativas

- No hace falta hacer regalos caros para sorprender. Un gesto simple, pero significativo, puede demostrar tu interés y afecto.

- Ejemplo: Si la otra persona menciona que tuvo un día difícil, enviarle un mensaje de ánimo o una canción que le guste puede marcar la diferencia.

- Consejo: Aprende a sorprender sin ser invasivo. Los detalles deben surgir de manera natural y sin esperar algo a cambio.

- **27.2. El Lenguaje No Verbal y los Pequeños Detalles**

- **Muchas veces, la seducción no está en lo que se dice, sino en cómo se dice y en la forma en que te comportas. Los detalles en el lenguaje corporal pueden ser igual de poderosos que las palabras.**

- **27.2.1. El Contacto Visual Significativo**

- **Mantener el contacto visual con una persona mientras hablas demuestra seguridad e interés genuino. Una mirada sostenida en el momento adecuado puede transmitir más que un discurso entero.**

- **Consejo: No fuerces el contacto visual, pero asegúrate de que sea natural y expresivo. Mirar a los ojos en momentos clave puede hacer que la otra persona se sienta realmente vista y escuchada.**

- **27.2.2. Pequeños Toques Estratégicos**

- **Un leve toque en el brazo durante una conversación o un roce sutil pueden reforzar la conexión física sin ser invasivos. La clave está en la naturalidad y en saber leer la reacción de la otra persona.**

- **Consejo: Si la otra persona responde positivamente a un contacto sutil, puedes continuar con más cercanía. Si notas incomodidad, es mejor mantener la distancia y respetar los límites.**

- **27.3. El Cuidado Personal y los Detalles en la Imagen**

- **Tu apariencia y la forma en que te presentas comunican mucho sobre ti. No se trata de seguir un estándar de belleza, sino de demostrar que te valoras y cuidas los detalles en tu presentación personal.**

- **27.3.1. La Importancia del Estilo Personal**

- **Tener un estilo propio y bien definido puede ser un detalle seductor. No hace falta vestirse de manera exagerada, pero sí cuidar que la ropa refleje tu personalidad y te haga sentir seguro/a.**

- **Consejo: Descubre qué colores y estilos te favorecen y úsalos a tu favor. La seguridad en uno mismo es el mejor accesorio.**

- **27.3.2. El Poder de un Buen Perfume**

- **El olfato es un sentido poderoso en la seducción. Un perfume bien elegido puede crear una impresión duradera y hacer que te recuerden incluso cuando no estás presente.**

- **Consejo: Usa una fragancia que vaya con tu personalidad y aplícala en puntos estratégicos como el cuello y las muñecas.**

- **27.4. La Atención a los Detalles en la Comunicación**

- No solo importa lo que dices, sino cómo lo dices. Prestar atención a ciertos aspectos de la comunicación puede hacer que la otra persona se sienta realmente especial.

- 27.4.1. El Uso del Nombre Propio

- Mencionar el nombre de la persona en una conversación genera una conexión más personal y cercana.

- Ejemplo: En lugar de decir "Tienes razón", decir "Tienes razón, Laura" hace que el mensaje sea más directo y cálido.

- 27.4.2. Notar los Cambios en la Otra Persona

- Si notas un cambio en la apariencia o en el estado de ánimo de la otra persona, mencionarlo puede demostrar interés genuino.

- Ejemplo: "Hoy te ves especialmente feliz, ¿pasó algo bueno?"

- 27.5. La Magia de los Detalles en una Cita

- Las citas no dependen solo del lugar o de la actividad, sino de los pequeños detalles que las hacen memorables.

- 27.5.1. Elegir un Lugar con Significado

- Un lugar especial o con un significado para la otra persona puede hacer que la cita sea más personal y única.

- Ejemplo: Si mencionó que le encanta el cine clásico, invitarla a una proyección especial en vez de una película comercial puede sorprenderla gratamente.

- 27.5.2. Crear Momentos Memorables

- A veces, los pequeños gestos en una cita pueden marcar la diferencia.

- Ejemplo: Si estás en un restaurante y sabes que le gusta un postre en especial, pedirlo sin que tenga que decirlo puede demostrar que prestaste atención.

- Conclusión

- Los detalles son la esencia de la seducción auténtica. No se trata de gestos grandiosos o de frases ensayadas, sino de la capacidad de mostrar atención, cuidado y conexión real. Las personas recuerdan cómo las hiciste sentir, y los pequeños detalles son la clave para dejar una impresión duradera.

- Este capítulo ha explorado cómo los pequeños detalles pueden hacer una gran diferencia en la seducción.

- Capítulo 28: El Arte de Crear Expectativa y Deseo

- La seducción no solo se basa en la atracción instantánea, sino en la capacidad de generar expectativa y deseo. Saber cómo construir un aura de misterio, jugar con la anticipación y despertar el interés progresivamente es clave para mantener la chispa y hacer que la otra persona desee más momentos contigo.

- En este capítulo, exploraremos estrategias psicológicas y emocionales para crear tensión seductora, alimentar la imaginación y dejar una huella que mantenga el interés a largo plazo.

- 28.1. El Poder del Misterio

- Uno de los elementos más atractivos en la seducción es el misterio. Lo desconocido genera curiosidad y despierta el deseo de descubrir más sobre una persona.

- 28.1.1. No Revelarlo Todo de Inmediato

- Contar toda tu historia y exponer todos tus pensamientos desde el primer momento puede hacer que la otra persona sienta que no hay nada más que descubrir. La seducción se alimenta del descubrimiento progresivo.

- Ejemplo: En lugar de hablar de todos tus logros o experiencias de vida en una sola conversación, deja pistas y detalles que generen interés.

- Consejo: Comparte información de manera estratégica, dejando espacio para la curiosidad y las preguntas.

- 28.1.2. Jugar con el Suspenso en la Conversación

- Dejar frases abiertas o preguntas sin respuesta inmediata puede despertar curiosidad y mantener el interés.

- Ejemplo: "Tengo una historia increíble sobre algo que me pasó en un viaje... pero te la contaré en otro momento."

- Consejo: Usa el suspenso para mantener la conversación viva y generar anticipación.

- **28.2. La Anticipación y la Expectativa**

- **La anticipación es una de las herramientas más poderosas en la seducción. La idea de que algo emocionante está por suceder mantiene la mente ocupada y aumenta el deseo.**

- **28.2.1. Crear Expectativa Antes de un Encuentro**

- **En lugar de simplemente planear una cita, genera entusiasmo sobre lo que va a pasar.**

- **Ejemplo: En lugar de decir "Nos vemos el sábado", puedes decir "Tengo una sorpresa para el sábado, creo que te va a encantar."**

- Consejo: La imaginación es una gran aliada en la seducción. Cuando creas expectativa, la otra persona empezará a pensar en las posibilidades, lo que aumenta su deseo.

- 28.2.2. Dejar un Buen Recuerdo para el Futuro

- Terminar un encuentro con un comentario intrigante puede hacer que la otra persona siga pensando en ti.

- Ejemplo: "Me encantó estar contigo hoy... y tengo la sensación de que la próxima vez será aún mejor."

- Consejo: No cierres una cita como si fuera un final, sino como si fuera el comienzo de algo más interesante.

- **28.3. El Juego de la Indisponibilidad Estratégica**

- **La disponibilidad absoluta puede hacer que el interés se disipe rápidamente. Saber jugar con la escasez y la exclusividad puede hacer que la otra persona valore más tu tiempo y tu presencia.**

- **28.3.1. No Estar Siempre Disponible**

- **Si respondes de inmediato cada mensaje y estás siempre listo/a para cualquier plan, la otra persona puede sentir que no hay un reto o emoción en conquistarte.**

- **Ejemplo: Si recibes un mensaje, no siempre respondas al instante. Deja que haya un poco de espacio para que la otra persona se pregunte qué estás haciendo.**

- Consejo: No ignores a propósito, pero aprende a equilibrar tu disponibilidad para mantener el interés.

- 28.3.2. Hacer Que Cada Momento Juntos Sea Valioso

- Si cada interacción es especial y única, la otra persona querrá más momentos contigo.

- Ejemplo: En lugar de salir constantemente sin planificación, haz que cada encuentro tenga un toque especial, algo memorable.

- Consejo: No se trata de jugar con los sentimientos, sino de crear un balance entre el deseo y la satisfacción.

- **28.4. El Uso de la Comunicación para Generar Deseo**

- **La forma en que te comunicas, ya sea en persona, por mensajes o llamadas, puede aumentar el deseo si sabes cómo hacerlo.**

- **28.4.1. Jugar con los Mensajes de Forma Inteligente**

- **Enviar mensajes que despierten emociones puede mantener la seducción incluso a la distancia.**

- **Ejemplo: En lugar de un simple "Hola", puedes decir "Acabo de escuchar una canción que me recordó a ti, luego te digo cuál."**

- **Consejo: Usa la comunicación para despertar emociones y mantener la atención sin ser monótono.**

- **28.4.2. El Poder de la Voz y el Tono**

- La forma en que hablas puede hacer que la otra persona sienta más atracción. Una voz pausada, con matices y expresividad, puede generar una atmósfera de intimidad y deseo.

- Consejo: Experimenta con tu tono de voz y observa cómo reacciona la otra persona.

- 28.5. La Seducción en el Tiempo: Cómo Mantener el Deseo Vivo

- Crear deseo no es solo cuestión de un momento, sino de mantener la llama encendida con el tiempo.

- 28.5.1. Variar las Experiencias Compartidas

- La monotonía puede apagar la emoción. Si siempre haces lo mismo con una persona, el deseo puede disminuir.

- Ejemplo: Si siempre van a cenar al mismo lugar, sorprende con una actividad inesperada, como una caminata nocturna o una experiencia nueva.

- Consejo: Mantén la novedad en la relación para que el interés no se apague.

- 28.5.2. La Nostalgia y los Recuerdos Compartidos

- Recordar momentos especiales y mencionarlos en la conversación puede reforzar el vínculo emocional.

- Ejemplo: "Todavía me acuerdo de lo que dijiste aquella vez en el café... fue una de mis partes favoritas de nuestra charla."

- Consejo: Usa los recuerdos para reforzar la conexión emocional y hacer que la otra persona valore más lo que han vivido juntos.

- Conclusión

- La seducción no es solo atracción instantánea; es un proceso de expectativa, misterio y deseo. Aprender a jugar con el tiempo, la disponibilidad y la comunicación puede hacer que la otra persona sienta una atracción creciente y sostenida.

- El arte de la seducción consiste en hacer que cada momento sea especial y dejar siempre una razón para desear más.

- Este capítulo ha explorado cómo generar y mantener el deseo en el tiempo.

- Capítulo 29: El Arte de la Seducción en la Relación de Pareja

- La seducción no termina cuando se inicia una relación. Muchas veces, el error más común en las parejas es dejar que la rutina y la comodidad apaguen la chispa que inicialmente los unió. Mantener el deseo, la emoción y la atracción dentro de una relación es un arte que requiere atención, creatividad y compromiso.

- En este capítulo, exploraremos estrategias para seguir seduciendo a tu pareja con el paso del tiempo, evitando la monotonía y fortaleciendo la conexión emocional y física.

- 29.1. La Seducción como un Juego Continuo

- El secreto de las relaciones duraderas y apasionadas es entender que la seducción no es un evento puntual, sino un juego continuo que se debe alimentar con pequeños gestos diarios.

- 29.1.1. No Dejar de Conquistar a Tu Pareja

- Muchas personas bajan la guardia una vez que están en una relación, creyendo que ya no es necesario esforzarse. La realidad es que el deseo necesita ser cultivado constantemente.

- Ejemplo: Así como al inicio de la relación sorprendías a tu pareja con detalles y planes inesperados, mantener esa actitud puede evitar que el amor se vuelva predecible.

- Consejo: Actúa como si estuvieras conquistando a tu pareja todos los días, manteniendo el misterio y la emoción.

- 29.1.2. Renovar la Imagen Personal

- La atracción visual también juega un papel importante. Mantenerte atractivo/a para tu pareja, cuidando tu imagen y estilo, refuerza la seducción en la relación.

- **Ejemplo: Un cambio de look, usar una fragancia diferente o simplemente vestir con intención en ciertos momentos puede sorprender positivamente a tu pareja.**

- **Consejo: No descuides tu apariencia solo porque ya estás en una relación. Mantén la frescura en tu imagen.**

- **29.2. El Poder de los Pequeños Gestos**

- **Los detalles cotidianos pueden hacer que tu pareja se sienta especial y mantenga el deseo encendido.**

- **29.2.1. Halagos y Elogios Genuinos**

- Es fácil dar por sentado lo que nos gusta de nuestra pareja, pero expresar lo que admiramos mantiene viva la atracción.

- Ejemplo: En lugar de un simple "Te ves bien", un halago más detallado como "Me encanta cómo te queda esa camisa, resalta mucho tu estilo" genera mayor impacto.

- Consejo: Sé específico con los elogios y exprésalos con sinceridad.

- 29.2.2. Sorpresas y Gestos Espontáneos

- Romper la rutina con pequeños gestos inesperados puede reavivar la emoción.

- Ejemplo: Preparar el desayuno favorito de tu pareja sin que lo espere o enviarle un mensaje coqueto a mitad del día.

- **Consejo: No hace falta esperar una fecha especial para sorprender a tu pareja.**

- **29.3. Mantener la Atracción Física**

- **La atracción física sigue siendo un pilar en la relación, y su mantenimiento es clave para evitar la rutina.**

- **29.3.1. El Contacto Físico Diario**

- **No solo se trata de la intimidad, sino del contacto físico cotidiano: abrazos, caricias inesperadas y besos apasionados mantienen la conexión.**

- **Ejemplo: Un roce sutil mientras pasan juntos en la cocina o un beso más largo de lo habitual pueden despertar el deseo en la rutina diaria.**

- **Consejo: Usa el contacto físico como un lenguaje propio de la relación.**

- **29.3.2. Explorar Nuevas Experiencias en la Intimidad**

- **La pasión no se apaga si se mantiene la curiosidad y la disposición a explorar juntos.**

- **Ejemplo: Probar nuevas experiencias, cambiar la rutina o simplemente mejorar la comunicación sobre los deseos puede fortalecer el vínculo físico.**

- Consejo: La confianza y la comunicación abierta son clave para mantener una vida íntima satisfactoria.

- 29.4. La Conexión Emocional y la Seducción Mental

- La atracción mental y emocional es igual de importante que la física.

- 29.4.1. Mantener Conversaciones Interesantes

- Hablar de temas nuevos, compartir ideas y debatir fortalece el vínculo intelectual y mantiene el interés mutuo.

- Ejemplo: En lugar de hablar siempre de la rutina, propón conversaciones sobre temas profundos o experiencias compartidas.

- **Consejo: La mente es un gran órgano de seducción. Cuida la comunicación y el interés en la vida del otro.**

- **29.4.2. Compartir Nuevas Experiencias Juntos**

- **La monotonía es el enemigo de la pasión. Explorar juntos nuevas actividades crea recuerdos y mantiene la emoción.**

- **Ejemplo: Aprender algo nuevo juntos, como una actividad deportiva o un hobby en pareja.**

- **Consejo: Introducir novedades en la relación ayuda a mantener la chispa viva.**

- **29.5. Mantener la Independencia y el Espacio Personal**

- **Aunque la conexión es importante, el espacio personal también juega un papel clave en la seducción.**

- **29.5.1. No Perder Tu Individualidad**

- **Tener intereses y actividades propias te hace una persona más atractiva y mantiene el misterio en la relación.**

- **Ejemplo: Seguir desarrollando tus proyectos personales y pasiones enriquece la dinámica de pareja.**

- **Consejo: No dejes que la relación absorba toda tu identidad.**

- **29.5.2. Dar Espacio para el Deseo**

- Pasar tiempo separados y tener momentos de independencia fortalece el deseo de volver a estar juntos.

- Ejemplo: Planear una noche con amigos o un viaje corto sin la pareja puede hacer que ambos se extrañen y valoren más el reencuentro.

- Consejo: Un poco de distancia ocasional puede aumentar la atracción.

- Conclusión

- La seducción en pareja no es un esfuerzo de un solo día, sino un proceso constante. La clave está en la atención a los pequeños detalles, la innovación y la conexión emocional y física.

- Las parejas que siguen seduciéndose con el tiempo logran mantener viva la pasión y construyen relaciones más fuertes y satisfactorias.

- Este capítulo ha abordado cómo mantener la seducción dentro de la relación.

- Capítulo 30: Cómo Recuperar la Seducción en una Relación Apagada

- Con el tiempo, muchas relaciones atraviesan momentos en los que la pasión y la seducción parecen desvanecerse. La rutina, el estrés y la falta de novedad pueden hacer que la atracción inicial se debilite. Sin embargo, esto no significa que la relación esté condenada. La seducción puede reavivarse si se toman las acciones adecuadas para romper la monotonía y reintroducir la emoción.

- En este capítulo, exploraremos estrategias prácticas para recuperar la chispa en una relación que parece haberse enfriado.

- 30.1. Detectar las Causas de la Desconexión

- Antes de intentar solucionar el problema, es importante entender qué ha llevado a la pérdida de la seducción en la relación.

- 30.1.1. Identificar las Señales de que la Pasión se ha Apagado

- Algunas señales de que la relación ha perdido su dinamismo seductor incluyen:

- Falta de interés en la intimidad.

- Conversaciones rutinarias y carentes de emoción.

- Falta de tiempo de calidad juntos.

- Ausencia de gestos románticos o seductores.

- 30.1.2. Analizar los Factores que han Influido

- Las razones por las que la seducción se debilita pueden ser variadas:

- Rutina excesiva: Hacer siempre lo mismo puede hacer que la relación pierda emoción.

- Estrés y preocupaciones externas: Problemas laborales, familiares o financieros pueden afectar la conexión.

- Falta de atención mutua: Dejar de cuidar los detalles en la relación reduce el interés.

- Consejo: Antes de actuar, reflexiona sobre qué aspectos han cambiado en la relación y qué se puede mejorar.

- **30.2. Reavivar el Interés y la Atracción**

- **30.2.1. Redescubrir la Curiosidad por la Pareja**

- **Con el tiempo, damos por sentado que conocemos todo sobre nuestra pareja. Sin embargo, las personas evolucionan y siempre hay aspectos por descubrir.**

- **Ejemplo: Haz preguntas nuevas, interésate por sus pensamientos actuales y escucha con verdadera atención.**

- **Consejo: Actúa como si estuvieras conociendo a tu pareja por primera vez.**

- **30.2.2. Romper la Rutina con Experiencias Nuevas**

- Planear citas inesperadas o probar actividades diferentes juntos puede ayudar a despertar la emoción.

- Ejemplo: Un viaje sorpresa, una cena en un lugar especial o una actividad que nunca han hecho juntos.

- Consejo: La novedad genera adrenalina y refuerza la conexión en pareja.

- 30.2.3. Recuperar el Juego de la Seducción

- Volver a coquetear y jugar con la seducción como al inicio de la relación puede encender la chispa nuevamente.

- Ejemplo: Enviar mensajes provocativos, insinuar planes juntos o recordar momentos apasionados.

- Consejo: No des por hecho que el deseo debe ser automático. La seducción es una práctica activa.

- 30.3. Fortalecer la Conexión Emocional

- La seducción no solo es física, sino también emocional. Sentirse valorado y comprendido fortalece el deseo mutuo.

- 30.3.1. Mejorar la Comunicación Afectiva

- Hablar sobre emociones, expresar cariño y reforzar la confianza puede ayudar a reavivar la relación.

- Ejemplo: Dedicar un momento diario para hablar sin distracciones y compartir pensamientos.

- **Consejo: La seducción también ocurre en la mente. Crear una conexión profunda genera atracción.**

- **30.3.2. Recordar los Momentos Felices**

- **Volver a hablar sobre los inicios de la relación y revivir recuerdos positivos puede traer de vuelta la emoción.**

- **Ejemplo: Revisar fotos antiguas juntos, visitar el primer lugar donde se conocieron o repetir una cita especial.**

- **Consejo: Conectar con el pasado positivo puede ayudar a reconstruir el presente.**

- **30.4. La Importancia del Cuidado Personal y la Confianza**

- **Recuperar la seducción también implica sentirte atractivo/a y seguro/a de ti mismo/a.**

- **30.4.1. Trabajar en la Autoestima y la Imagen Personal**

- **Sentirte bien contigo mismo/a te hace más atractivo/a para tu pareja.**

- **Ejemplo: Un cambio de look, practicar ejercicio o desarrollar una nueva pasión pueden aumentar tu confianza.**

- **Consejo: La seguridad en ti mismo/a es uno de los rasgos más seductores.**

- **30.4.2. Fomentar la Independencia Personal**

- Tener espacios individuales y actividades propias mantiene el misterio y el interés en la relación.

- Ejemplo: Un nuevo hobby o una salida con amigos pueden hacer que la pareja sienta curiosidad y atracción renovada.

- Consejo: No pierdas tu identidad dentro de la relación. La seducción también se basa en la admiración.

- 30.5. La Intimidad y el Contacto Físico

- La conexión física es un pilar de la seducción en pareja.

- 30.5.1. Reintroducir el Contacto Afectivo

- A veces, la falta de pasión comienza con la falta de contacto cotidiano.

- Ejemplo: Abrazos más largos, caricias inesperadas o besos fuera de la rutina.

- Consejo: El tacto es una de las formas más poderosas de reavivar la conexión.

- 30.5.2. Explorar la Intimidad con Creatividad

- La monotonía en la vida íntima puede hacer que la pasión se apague. Introducir variedad puede despertar el deseo.

- Ejemplo: Probar nuevas experiencias en la intimidad, cambiar los escenarios o comunicarse sobre fantasías compartidas.

- Consejo: La comunicación abierta sobre la intimidad fortalece la relación y mejora la conexión física.

- 30.6. La Paciencia y el Compromiso en el Proceso

- Recuperar la seducción en una relación apagada no sucede de la noche a la mañana. Requiere intención, paciencia y constancia.

- 30.6.1. No Esperar Resultados Inmediatos

- La seducción es un proceso acumulativo. Pequeños cambios diarios generan grandes resultados con el tiempo.

- Ejemplo: Si la conexión se ha debilitado, intenta implementar una estrategia a la vez y observa cómo evoluciona la relación.

- Consejo: No te frustres si los cambios no son inmediatos. La consistencia es clave.

- 30.6.2. Disfrutar del Camino y No Solo del Resultado

- Más que recuperar la seducción, el objetivo es construir una relación enriquecedora y emocionante.

- Ejemplo: Convertir el proceso en un juego compartido en lugar de una tarea.

- Consejo: Enfócate en disfrutar cada momento con tu pareja en lugar de obsesionarte con el cambio.

- **Conclusión**

- **La seducción dentro de una relación no es algo que se pierde para siempre. Con intención, creatividad y compromiso, se puede reavivar la pasión y fortalecer el vínculo amoroso.**

- **Lo más importante es recordar que la seducción no es solo un acto puntual, sino una actitud constante dentro de la relación.**

- **Este capítulo ha explorado cómo recuperar la chispa en una relación apagada.**

- **Capítulo 31: Seducción y Confianza: Cómo Convertirte en una Persona Irresistible**

- **La seducción no solo depende de la apariencia física o de frases ensayadas, sino de la actitud y la confianza que proyectas. Las personas irresistibles no son aquellas que buscan desesperadamente la atención, sino las que irradian seguridad y carisma de manera natural.**

- **En este capítulo, exploraremos cómo desarrollar una mentalidad atractiva, mejorar la comunicación seductora y potenciar tu presencia para convertirte en alguien verdaderamente irresistible.**

- **31.1. La Confianza: El Pilar de la Seducción**

- La confianza es el ingrediente principal de cualquier persona seductora. No se trata de ser arrogante, sino de proyectar seguridad y autenticidad.

- 31.1.1. Trabajar en la Autoestima

- La seducción comienza con cómo te percibes a ti mismo/a. Si te sientes valioso/a, los demás también lo percibirán.

- Ejemplo: En lugar de enfocarte en tus defectos, resalta tus cualidades y fortalezas.

- Consejo: Haz una lista de atributos positivos sobre ti y léela todos los días para reforzar tu autoconfianza.

- 31.1.2. El Lenguaje Corporal de la Seguridad

- La postura y los movimientos comunican más que las palabras. Una persona segura se nota en cómo camina, se sienta y se expresa.

- Ejemplo: Mantén la espalda recta, la cabeza en alto y haz contacto visual al hablar.

- Consejo: Evita cruzar los brazos o mirar hacia abajo, ya que estas señales indican inseguridad.

- 31.1.3. Vencer el Miedo al Rechazo

- Las personas más seductoras no temen al rechazo porque entienden que no pueden gustarle a todo el mundo.

- Ejemplo: En lugar de ver un "no" como un fracaso, interprétalo como una oportunidad para mejorar tu juego de seducción.

- Consejo: Practica exponerte a situaciones donde puedas recibir un "no" y aprende a manejarlo con naturalidad.

- 31.2. La Personalidad Atractiva: Desarrolla Tu Magnetismo

- Las personas irresistibles tienen una personalidad carismática que atrae naturalmente a los demás.

- 31.2.1. El Poder del Misterio

- La seducción no está en contar todo de inmediato, sino en dejar algo a la imaginación.

- Ejemplo: En lugar de revelar todos tus pensamientos de inmediato, deja que la otra persona sienta curiosidad por conocerte más.

- Consejo: Comparte detalles poco a poco para mantener el interés.

- 31.2.2. La Actitud Positiva y la Energía Contagiosa

- Las personas con una actitud optimista resultan más atractivas porque generan emociones agradables en quienes las rodean.

- Ejemplo: En lugar de quejarte constantemente, enfócate en encontrar soluciones y transmitir buenas vibras.

- Consejo: Rodéate de personas positivas para reforzar esta actitud.

- 31.2.3. La Independencia y el Propósito

- Una persona irresistible tiene una vida interesante y metas propias.

- Ejemplo: Dedicarte a una pasión o proyecto personal te hace más atractivo/a porque demuestra que no necesitas la validación de los demás.

- Consejo: Encuentra un hobby o actividad que realmente disfrutes y haz que forme parte de tu identidad.

- 31.3. La Comunicación Seductora: Cómo Hablar con Encanto

- No se trata solo de qué dices, sino de cómo lo dices.

- 31.3.1. La Voz y el Ritmo de la Conversación

- Una voz tranquila y pausada transmite seguridad y sensualidad.

- Ejemplo: En lugar de hablar rápido por nerviosismo, modula tu voz y usa pausas estratégicas para generar intriga.

- Consejo: Practica leer en voz alta con entonación atractiva frente a un espejo.

- 31.3.2. Escuchar con Atención y Conectar

- La seducción no es solo hablar, sino también saber escuchar activamente.

- Ejemplo: En lugar de pensar en qué responder mientras la otra persona habla, concéntrate en lo que dice y haz preguntas genuinas.

- **Consejo: Usa el "eco emocional", es decir, repite en otras palabras lo que la persona dijo para demostrar interés.**

- **31.3.3. El Uso del Humor y la Inteligencia**

- **La risa es una de las formas más poderosas de seducción.**

- **Ejemplo: Un comentario ingenioso o una broma sutil pueden romper el hielo y generar química instantánea.**

- **Consejo: No te tomes demasiado en serio. El humor bien utilizado crea conexiones rápidas.**

- **31.4. La Imagen Personal y la Presencia**

- **No se trata de belleza física, sino de cómo te presentas al mundo.**

- **31.4.1. Vestir con Estilo y Autenticidad**

- **La ropa adecuada puede potenciar tu atractivo.**

- **Ejemplo: Descubre qué colores y estilos te favorecen y úsalos con confianza.**

- **Consejo: Viste de una forma que refleje tu personalidad y te haga sentir seguro/a.**

- **31.4.2. La Higiene y los Detalles que Marcan la Diferencia**

- **Pequeños detalles como un buen perfume o una sonrisa bien cuidada pueden hacer que seas inolvidable.**

- **Ejemplo: Usa una fragancia distintiva que refuerce tu identidad seductora.**

- **Consejo: Mantén una rutina de cuidado personal que te haga sentir bien contigo mismo/a.**

- **31.5. La Actitud ante las Relaciones: Ser el Premio, No el Cazador**

- **Las personas irresistibles no persiguen, sino que atraen.**

- **31.5.1. No Mostrar Necesidad o Desesperación**

- **La necesidad es un antídoto para la seducción.**

- **Ejemplo: En lugar de insistir demasiado, deja que la otra persona también invierta en la interacción.**

- **Consejo: Sé paciente y permite que la atracción crezca de forma natural.**

- **31.5.2. La Escasez Genera Valor**

- **Lo que es difícil de conseguir es más deseado.**

- **Ejemplo: No estés siempre disponible; mantén tu propio espacio y vida independiente.**

- **Consejo: La seducción también es cuestión de equilibrio entre presencia y ausencia.**

- **31.6. Cómo Mantener el Magnetismo en el Tiempo**

- **Ser irresistible no es algo puntual, sino una actitud constante.**

- **31.6.1. Evolucionar y Crecer Constantemente**

- **La gente más atractiva es la que sigue mejorando y aprendiendo.**

- **Ejemplo: Aprende una nueva habilidad, viaja, experimenta cosas nuevas.**

- **Consejo: La novedad mantiene la seducción viva.**

- **31.6.2. La Coherencia entre lo que Dices y Haces**

- **La autenticidad es clave para ser seductor/a.**

- Ejemplo: Si dices que tienes confianza, pero actúas con inseguridad, la gente lo notará.

- Consejo: Sé genuino/a y congruente con tu personalidad.

- Conclusión

- Ser una persona irresistible no es cuestión de suerte ni de genética, sino de actitud, confianza y desarrollo personal. Al aplicar estas estrategias, no solo atraerás a los demás, sino que también te sentirás más seguro/a y satisfecho/a contigo mismo/a.

- Este capítulo ha explorado cómo convertirte en una persona magnética y atractiva.

- **Capítulo 32: Seducción en Diferentes Contextos: Social, Laboral y Digital**

- **La seducción no solo ocurre en citas románticas, sino en todas las áreas de la vida. Saber cómo proyectar carisma y atraer la atención de manera positiva te permite mejorar tus relaciones personales, profesionales y digitales.**

- **En este capítulo, exploraremos cómo aplicar la seducción en entornos sociales, laborales y en el mundo digital, adaptando tu estrategia según cada contexto.**

- **32.1. Seducción en el Ámbito Social: Cómo Ser el Centro de Atracción**

- 32.1.1. La Primera Impresión: El Impacto de los Primeros Segundos

- La gente forma una opinión sobre ti en los primeros segundos de interacción.

- Ejemplo: Una sonrisa sincera y un saludo firme generan una impresión positiva inmediata.

- Consejo: Entra a cualquier lugar con postura segura y energía positiva.

- 32.1.2. La Habilidad de Generar Conversaciones Interesantes

- La clave de la seducción social es hacer que los demás se sientan especiales.

- Ejemplo: En lugar de hablar solo de ti, haz preguntas que despierten emoción en la otra persona.

- Consejo: Usa la técnica del "interrogador curioso": muestra genuino interés en los demás.

- 32.1.3. Lenguaje Corporal en Entornos Grupales

- La forma en que te mueves y te colocas en un grupo influye en cómo te perciben.

- Ejemplo: Evita estar de espaldas o fuera del círculo, mantente abierto/a y relajado/a.

- Consejo: Usa gestos expresivos para reforzar tus palabras y mantener la atención.

- 32.2. Seducción en el Ámbito Laboral: Carisma y Persuasión en el Trabajo

- La seducción en el trabajo no implica coqueteo romántico, sino el arte de influir y generar conexiones valiosas.

- 32.2.1. La Imagen Profesional y la Presencia Atractiva

- Vestir de manera adecuada y proyectar seguridad aumenta tu impacto profesional.

- Ejemplo: Una persona que cuida su apariencia y postura transmite liderazgo y credibilidad.

- Consejo: Encuentra un estilo profesional que te haga sentir seguro/a sin perder autenticidad.

- 32.2.2. Comunicación Persuasiva: Cómo Convencer sin Imponer

- La persuasión es clave para avanzar en el ámbito laboral.

- Ejemplo: En una reunión, en lugar de imponer tu idea, preséntala de forma atractiva y deja que otros la descubran como valiosa.

- Consejo: Usa el lenguaje positivo y enfatiza los beneficios de tus propuestas en lugar de criticar lo existente.

- 32.2.3. El Networking Seductor: Cómo Conectar con Personas Clave

- Las oportunidades laborales muchas veces dependen de las conexiones que construyes.

- Ejemplo: En eventos profesionales, en lugar de hablar de trabajo de inmediato, encuentra puntos en común personales con las personas influyentes.

- **Consejo: Ten una historia interesante sobre ti que puedas contar en menos de un minuto.**

- **32.3. Seducción en el Mundo Digital: Cómo Atraer en Redes y Mensajes**

- **Hoy en día, gran parte de la seducción ocurre en el entorno digital. Desde redes sociales hasta aplicaciones de citas, saber proyectar una imagen atractiva en línea es clave.**

- **32.3.1. La Foto de Perfil y la Primera Impresión Digital**

- **La imagen que proyectas en redes influye en cómo te perciben.**

- **Ejemplo: Una foto natural con buena iluminación y una expresión relajada suele atraer más que una imagen demasiado posada.**

- **Consejo: Usa una foto donde luzcas seguro/a y en un contexto interesante.**

- **32.3.2. Cómo Escribir Mensajes Seductores**

- **Un buen mensaje genera curiosidad y despierta el interés.**

- **Ejemplo: En lugar de un simple "hola", empieza con una observación intrigante o una pregunta divertida.**

- Consejo: Usa el principio de reciprocidad: comparte algo interesante sobre ti y deja espacio para que la otra persona haga lo mismo.

- 32.3.3. El Arte de la Paciencia y la Expectativa en la Conversación Digital

- No responder de inmediato a cada mensaje puede aumentar la atracción.

- Ejemplo: Si alguien tarda en contestar, en lugar de insistir, sigue con tu vida y responde con naturalidad cuando sea el momento.

- Consejo: No muestres desesperación digitalmente. El misterio es parte de la seducción.

- Conclusión

- Saber seducir en diferentes contextos te permite influir, conectar y destacar en cualquier situación. Ya sea en una reunión social, en el trabajo o en el mundo digital, la clave está en la confianza, la comunicación y la autenticidad.

- Este capítulo ha explorado cómo adaptar la seducción a distintos entornos.

- Capítulo 33: La Psicología de la Seducción: Cómo Funciona el Deseo Humano

- La seducción no es solo un arte, sino también una ciencia. Detrás de la atracción y el deseo existen principios psicológicos que influyen en la forma en que nos sentimos atraídos por alguien.

- En este capítulo, exploraremos los mecanismos psicológicos que despiertan el interés, cómo funciona la química del deseo y qué estrategias pueden potenciar tu atractivo basadas en la psicología.

- 33.1. Los Principios Psicológicos de la Atracción

- La atracción no es aleatoria; sigue patrones psicológicos que han sido estudiados por la ciencia.

- 33.1.1. El Efecto de la Primera Impresión

- La primera impresión es determinante en la percepción de atractivo.

- Ejemplo: En solo 7 segundos, una persona decide si siente interés o no por alguien.

- Consejo: Proyecta seguridad y energía positiva en el primer encuentro.

- 33.1.2. La Ley de la Escasez: Lo Difícil es Más Deseado

- Cuando algo es percibido como escaso, se vuelve más atractivo.

- Ejemplo: Un producto en edición limitada genera más deseo que uno siempre disponible. Lo mismo ocurre con las personas.

- **Consejo: No estés siempre disponible. Tener una vida propia y no buscar la validación constante aumenta tu valor.**

- **33.1.3. El Principio de la Similaridad y la Conexión Rápida**

- **Nos sentimos más atraídos por personas con intereses y valores similares.**

- **Ejemplo: Dos personas que comparten una pasión por el cine tendrán más química inicial.**

- **Consejo: En una conversación, busca puntos en común y refuérzalos para generar conexión.**

- **33.2. La Química del Deseo: Hormonas y Atracción**

- La atracción tiene una base biológica influenciada por la química del cuerpo.

- 33.2.1. La Dopamina: La Hormona del Placer y la Novedad

- La dopamina se libera cuando experimentamos algo emocionante o nuevo.

- Ejemplo: Las primeras citas son tan emocionantes porque el cerebro está inundado de dopamina.

- Consejo: Mantén el deseo vivo introduciendo experiencias nuevas en la relación.

- 33.2.2. La Oxitocina: La Hormona del Vínculo y la Conexión

- La oxitocina se libera con el contacto físico y genera confianza.

- **Ejemplo: Abrazar o tocar levemente a alguien en el brazo puede aumentar la sensación de cercanía.**

- **Consejo: Usa el contacto físico de manera sutil para fortalecer la conexión.**

- **33.2.3. La Testosterona y el Magnetismo Sexual**

- **La testosterona influye en la atracción y el deseo.**

- **Ejemplo: Las personas con altos niveles de confianza suelen tener una presencia más magnética.**

- **Consejo: Hacer ejercicio regularmente y cuidar la postura puede aumentar la producción natural de testosterona.**

- **33.3. Estrategias Psicológicas para Aumentar Tu Atractivo**

- **Saber cómo funciona el deseo permite potenciar el magnetismo personal.**

- **33.3.1. El Juego de la Tensión y la Liberación**

- **Alternar entre cercanía y misterio mantiene el interés.**

- **Ejemplo: No revelar todo sobre ti de inmediato genera intriga.**

- **Consejo: Usa pausas en la conversación y deja espacio para que la otra persona te descubra.**

- **33.3.2. La Proyección de Seguridad y Autenticidad**

- Las personas seguras resultan más atractivas porque transmiten estabilidad.

- Ejemplo: Alguien que habla con convicción y sin miedo a ser juzgado genera atracción natural.

- Consejo: Aprende a estar cómodo con el silencio en una conversación. No llenar cada espacio con palabras demuestra confianza.

- 33.3.3. La Técnica del Reflejo Emocional

- Reflejar sutilmente el lenguaje corporal y las emociones de la otra persona crea una conexión subconsciente.

- Ejemplo: Si alguien sonríe y asiente mientras habla, reflejar esos gestos genera afinidad.

- **Consejo: Practica la escucha activa y refleja emociones de forma natural.**

- **Conclusión**

- **Comprender la psicología del deseo te permite mejorar tu capacidad de atraer e influir en los demás. Desde la química cerebral hasta las estrategias psicológicas, la seducción es un juego que combina arte y ciencia.**

- **Este capítulo ha explorado los fundamentos psicológicos de la atracción.**

- **Capítulo 34: Seducción y Lenguaje Corporal: Cómo Hablar sin Palabras**

- El lenguaje corporal juega un papel crucial en la seducción. Antes de que una persona escuche lo que dices, ya ha leído tu postura, tu expresión y tu energía.

- En este capítulo, aprenderás cómo proyectar confianza, atraer de manera natural y leer las señales que indican interés en la otra persona.

- 34.1. El Poder del Lenguaje Corporal en la Seducción

- Las palabras representan solo una parte de la comunicación. La forma en que te mueves, gesticulas y miras transmite más de lo que imaginas.

- 34.1.1. La Postura: La Base de una Presencia Atractiva

- Una postura abierta y relajada proyecta confianza y seguridad.

- Ejemplo: Una persona con los hombros erguidos y la cabeza en alto genera una impresión positiva inmediata.

- Consejo: Evita encorvarte o cruzar los brazos; mantente abierto y receptivo.

- 34.1.2. La Mirada: El Arte del Contacto Visual Seductor

- El contacto visual es una herramienta poderosa de atracción.

- Ejemplo: Mirar a los ojos por unos segundos más de lo normal crea una sensación de intimidad.

- Consejo: Usa la "mirada triangular": alterna entre un ojo, el otro ojo y los labios de la otra persona.

- 34.1.3. El Uso de las Manos y los Gestos

- Los gestos refuerzan tu mensaje y hacen que parezcas más expresivo/a.

- Ejemplo: Al contar una historia, usar las manos para enfatizar puntos clave mantiene la atención.

- Consejo: Evita esconder las manos en los bolsillos o cruzarlas demasiado; esto puede indicar nerviosismo o inseguridad.

- 34.2. Cómo Usar el Lenguaje Corporal para Atraer

- Tu cuerpo puede comunicar atracción sin que digas una palabra.

- 34.2.1. La Técnica del Reflejo: Imitación Inconsciente

- Cuando dos personas se sienten atraídas, sus cuerpos empiezan a reflejarse de manera natural.

- Ejemplo: Si alguien se inclina hacia adelante y tú haces lo mismo, se genera conexión.

- Consejo: Observa la postura y los gestos de la otra persona y refléjalos sutilmente.

- 34.2.2. La Proximidad y la Intensidad del Espacio Personal

- La distancia entre dos personas puede indicar el nivel de atracción.

- **Ejemplo: Si alguien invade tu espacio personal de forma natural, es una señal de interés.**

- **Consejo: Acércate gradualmente y observa si la otra persona responde positivamente.**

- **34.2.3. El Toque Sutil: El Poder del Contacto Físico**

- **El contacto físico genera una conexión más profunda.**

- **Ejemplo: Un toque ligero en el brazo durante una conversación puede aumentar la intimidad.**

- **Consejo: Empieza con contactos sutiles y observa la reacción antes de avanzar.**

- **34.3. Cómo Leer las Señales Corporales de Atracción**

- Saber interpretar el lenguaje corporal te permite detectar si la otra persona siente interés.

- **34.3.1. Señales Positivas de Atracción**

- **Miradas prolongadas:** Indican interés y conexión.

- **Postura abierta:** Si la otra persona te muestra el torso sin barreras, es una señal de comodidad.

- **Jugar con el cabello o accesorios:** Puede ser una manifestación inconsciente de nerviosismo e interés.

- **34.3.2. Señales de Desinterés o Rechazo**

- Evitar el contacto visual: Puede significar desinterés o incomodidad.

- Cuerpo orientado hacia otro lado: Indica falta de atención o deseo de salir de la interacción.

- Brazos cruzados o manos en los bolsillos: Puede ser una barrera defensiva.

- Consejo: No ignores las señales de desinterés; respeta el espacio de la otra persona y cambia de estrategia si es necesario.

- Conclusión

- El lenguaje corporal es una herramienta poderosa en la seducción. Aprender a proyectar confianza, interpretar señales y usar la proximidad a tu favor puede mejorar enormemente tus interacciones.

- Este capítulo ha cubierto el arte de la comunicación no verbal en la seducción.

- Capítulo 35: Seducción y Comunicación: El Arte de la Conversación Atractiva

- La seducción no se trata solo de la apariencia o el lenguaje corporal, sino también de la forma en que nos expresamos. Una conversación interesante y envolvente puede ser el puente hacia la atracción.

- En este capítulo, aprenderás cómo desarrollar habilidades conversacionales que generen conexión, mantengan el interés y hagan que la otra persona disfrute hablando contigo.

- 35.1. Principios Claves de una Conversación Seductora

- 35.1.1. La Escucha Activa: El Secreto de una Conexión Profunda

- La seducción no es solo hablar bien, sino también saber escuchar con atención.

- Ejemplo: En lugar de esperar tu turno para hablar, haz preguntas que demuestren interés genuino.

- Consejo: Usa la técnica de "eco emocional": repite o reformula partes clave de lo que dice la otra persona para demostrar comprensión.

- 35.1.2. El Juego de la Curiosidad y el Misterio

- Una conversación atractiva no revela todo de inmediato; deja espacio para la curiosidad.

- Ejemplo: En lugar de responder con detalles directos, responde de manera intrigante: "Esa es una historia interesante... pero dime primero, ¿qué crees que pasó?"

- Consejo: Usa frases que despierten interés, como "No te lo creerías..." o "Eso es una historia para otra ocasión".

- **35.1.3. La Importancia del Humor en la Seducción**

- **El humor rompe la tensión y crea una conexión inmediata.**

- **Ejemplo: Hacer bromas ligeras o jugar con la otra persona de manera divertida aumenta el atractivo.**

- **Consejo: Aprende a usar la "teasing" (bromas juguetonas) sin ser ofensivo.**

- **35.2. Cómo Iniciar una Conversación Atractiva**

- **35.2.1. Frases de Apertura Naturales y Efectivas**

- **Evita los saludos genéricos y opta por comentarios que inviten a la conversación.**

- **Ejemplo: En lugar de decir "¿Qué tal?", prueba con "Tienes una vibra interesante... ¿qué historia hay detrás de eso?"**

- **Consejo: Observa el contexto y usa comentarios específicos sobre la situación o la persona.**

- **35.2.2. Cómo Hacer Preguntas que Generen Atracción**

- **Las preguntas profundas o inesperadas despiertan más interés.**

- **Ejemplo: "Si pudieras cenar con cualquier persona en la historia, ¿a quién elegirías?"**

- **Consejo: Alterna preguntas personales con comentarios divertidos para mantener un buen ritmo.**

- **35.2.3. La Técnica del "Push and Pull" en la Conversación**

- **Alternar entre mostrar interés y desafiar sutilmente genera atracción.**

- **Ejemplo: "Me caes bien... pero todavía no estoy seguro/a si eres tan interesante como pareces."**

- **Consejo: Usa el "Push and Pull" con equilibrio; demasiado puede parecer desinterés.**

- **35.3. Cómo Mantener el Interés y Crear Conexión**

- **35.3.1. El Poder de las Historias Personales**

- **Contar historias bien estructuradas es más atractivo que solo dar datos.**

- **Ejemplo: En lugar de decir "Me gusta viajar", cuenta una anécdota divertida de un viaje.**

- **Consejo: Usa la estructura de "situación – problema – solución – aprendizaje" para hacer tus historias más envolventes.**

- **35.3.2. Cómo Usar la Voz y el Ritmo para Aumentar la Atracción**

- **La forma en que hablas puede hacer que una conversación sea más cautivadora.**

- Ejemplo: Hablar con un tono pausado y variado mantiene la atención mejor que hablar rápido y monótono.

- Consejo: Haz pausas estratégicas para crear suspenso antes de decir algo importante.

- 35.3.3. Cómo Terminar una Conversación Dejando Ganas de Más

- Saber despedirse en el momento adecuado deja una impresión duradera.

- Ejemplo: "Me ha encantado hablar contigo, pero tengo que irme. Sigamos esta charla otro día."

- **Consejo: No alargues demasiado la conversación; es mejor dejar a la otra persona con ganas de seguir hablando.**

- **Conclusión**

- **La comunicación es una de las herramientas más poderosas en la seducción. Aprender a escuchar, mantener la curiosidad y jugar con la conversación puede hacer que cualquier interacción sea magnética.**
- **Capítulo 36: Errores Comunes en la Seducción y Cómo Evitarlos**

- La seducción es un arte que puede perfeccionarse con el tiempo, pero muchos cometen errores que pueden arruinar una interacción antes de que realmente comience. En este capítulo, analizaremos los errores más frecuentes en la seducción y cómo evitarlos para mejorar tu atractivo y conexión con los demás.

- 36.1. Los Errores Más Frecuentes en la Seducción

- 36.1.1. Falta de Confianza y Exceso de Necesidad

- La inseguridad y la necesidad de validación son poco atractivas.

- Ejemplo: Alguien que constantemente busca aprobación o teme decir lo que piensa puede parecer poco seguro/a.

- **Cómo evitarlo: Trabaja en tu autoestima y no pongas a la otra persona en un pedestal. La seguridad es atractiva.**

- **36.1.2. Hablar Demasiado de Uno Mismo**

- **Una conversación debe ser un intercambio, no un monólogo.**

- **Ejemplo: Alguien que solo habla de sus logros sin preguntar sobre la otra persona crea desconexión.**

- **Cómo evitarlo: Aplica la regla del 50/50: habla de ti, pero también muestra interés genuino en la otra persona.**

- **36.1.3. Forzar Demasiado las Cosas**

- La seducción debe fluir de manera natural, sin presiones.

- Ejemplo: Insistir en obtener el número de teléfono o una cita cuando la otra persona no parece interesada puede ser contraproducente.

- Cómo evitarlo: Lee las señales y actúa con naturalidad. Si hay interés mutuo, todo se dará sin esfuerzo excesivo.

- 36.2. Errores en el Lenguaje Corporal

- 36.2.1. No Mantener Contacto Visual

- Evitar la mirada puede transmitir nerviosismo o desinterés.

- Ejemplo: Alguien que mira constantemente hacia otro lado mientras habla puede parecer inseguro.

- Cómo evitarlo: Mantén contacto visual sin exagerar. Una mirada firme pero relajada genera conexión.

- 36.2.2. Postura Cerrada o Tensa

- Cruzar los brazos o encorvarse puede mostrar inseguridad o falta de apertura.

- Ejemplo: Una persona con los hombros caídos y los brazos cruzados parece menos accesible.

- Cómo evitarlo: Mantén una postura erguida y relajada. Usa gestos abiertos para transmitir confianza.

- **36.2.3. Invadir el Espacio Personal Demasiado Pronto**

- **Acercarse demasiado rápido puede hacer que la otra persona se sienta incómoda.**

- **Ejemplo: Alguien que se inclina demasiado o toca sin permiso puede generar rechazo.**

- **Cómo evitarlo: Observa la reacción de la otra persona y respeta su espacio. La cercanía debe aumentar gradualmente.**

- **36.3. Errores en la Conversación**

- **36.3.1. Hacer Preguntas Interrogativas y No Conversacionales**

- Preguntar como si fuera una entrevista puede hacer que la charla se sienta forzada.

- Ejemplo: "¿A qué te dedicas?" seguido de "¿Dónde vives?" y "¿Cuántos hermanos tienes?" suena como un interrogatorio.

- Cómo evitarlo: En lugar de preguntas cerradas, usa comentarios que generen una respuesta más amplia. Por ejemplo: "Me imagino que en tu trabajo pasan cosas interesantes, ¿cuál ha sido una de las más divertidas?".

- 36.3.2. No Usar el Humor o Tomarse Todo Demasiado en Serio

- Una conversación sin humor puede volverse monótona.

- **Ejemplo:** Si alguien habla solo de temas serios, la interacción puede sentirse demasiado formal.

- **Cómo evitarlo:** Introduce comentarios ligeros y bromas para relajar el ambiente.

- **36.3.3. Hablar de Temas Negativos o Sensibles Demasiado Pronto**

- Quejarse o hablar de problemas personales puede apagar la atracción.

- **Ejemplo:** "Mi ex era horrible" o "Mi jefe me trata fatal" no son buenos temas para empezar una conversación.

- **Cómo evitarlo:** Mantén la conversación en un tono positivo y evita temas delicados hasta que haya más confianza.

- **36.4. Errores en la Actitud y la Mentalidad**

- **36.4.1. Tener una Mentalidad de Escasez**

- **Pensar que solo tienes una oportunidad con una persona puede hacer que actúes con ansiedad.**

- **Ejemplo: Sentir que "necesitas" que alguien te acepte puede hacerte parecer menos atractivo/a.**

- **Cómo evitarlo: Recuerda que hay muchas oportunidades y que lo más importante es disfrutar el proceso.**

- **36.4.2. Intentar Gustar a Todo el Mundo**

- No todas las personas serán compatibles contigo, y eso está bien.

- Ejemplo: Alguien que intenta cambiar su personalidad para agradar a los demás puede parecer poco auténtico.

- Cómo evitarlo: Sé genuino/a y céntrate en conectar con quienes realmente valoren quién eres.

- 36.4.3. No Saber Cuándo Retirarse

- Si alguien muestra desinterés, insistir solo reduce tus posibilidades.

- Ejemplo: Seguir escribiendo o llamando a alguien que no responde puede ser incómodo.

- **Cómo evitarlo: Aprende a leer las señales y a aceptar cuando es momento de seguir adelante.**

- **Conclusión**

- **Evitar estos errores te permitirá mejorar tus habilidades en la seducción y aumentar tu atractivo de manera natural. La clave está en proyectar confianza, ser auténtico y disfrutar la interacción sin presiones.**

- **Gracias por dedicar tu tiempo a estas páginas, por tu curiosidad y por tu deseo de mejorar. Espero que este libro te ayude a desarrollar tu confianza, a entender mejor la seducción y, sobre todo, a disfrutar cada interacción con autenticidad.**

- **Este libro no es solo mío, es de todos aquellos que creen en el poder de la comunicación, la atracción y el crecimiento personal.**

- **¡Gracias!**

© 2025 Ezequiel Barbosa Fernandes
Editorial: BoD · Books on Demand,
Calle de Manzanares, 4, 28005 Madrid, bod@bod.com.es
Impresión: Libri Plureos GmbH, Friedensallee 273, 22763
Hamburg (Alemania)
ISBN: 978-84-1373-948-9